# PEQUENO PANTEÃO PORTÁTIL

# ALAIN BADIOU

# PEQUENO PANTEÃO PORTÁTIL

ALTHUSSER, BORREIL,
CANGUILHEM, CAVAILLÈS,
G. CHÂTELET, DELEUZE, DERRIDA,
FOUCAULT, HYPPOLITE, LACAN,
LACOUE-LABARTHE, LYOTARD,
F. PROUST, SARTRE

Tradução
Marcelo Mori

martins fontes
selo martins

© 2017 Martins Editora Livraria Ltda., São Paulo, para a presente edição.
© La Fabrique-Éditions, 2008.
Esta obra foi originalmente publicada em francês sob o título
*Petit panthéon portatif.*

Publisher *Evandro Mendonça Martins Fontes*
Coordenação editorial *Vanessa Faleck*
Produção editorial *Susana Leal*
Capa *Douglas Yoshida*
Preparação *Luciana Lima*
Revisão *Regina Schöpke*
*Julio de Mattos*

**Dados Internacionais de Catalogação na Publicação (CIP)**
**(Câmara Brasileira do Livro, SP, Brasil)**

Badiou, Alain
  Pequeno panteão portátil / Alain Badiou ; tradução Marcelo Mori. – São Paulo : Martins Fontes - selo Martins, 2017.

Título original: Petit panthéon portatif
ISBN 978-85-8063-316-0

1. Filosofia - França - Século 20  2. Filósofos - França I. Título.

17-02049                                    CDD-194

**Índices para catálogo sistemático:**
1. França : Filosofia  194
2. Filósofos franceses  194

Todos os direitos desta edição reservados à
**Martins Editora Livraria Ltda.**
Av. Dr. Arnaldo, 2076
01255-000 São Paulo SP Brasil
Tel.: (11) 3116 0000
*info@emartinsfontes.com.br*
*www.emartinsfontes.com.br*

# ÍNDICE

| | |
|---|---|
| Abertura | 7 |
| Jacques Lacan (1901-81) | 11 |
| Georges Canguilhem (1904-95) e Jean Cavaillès (1903-44) | 15 |
| Jean-Paul Sartre (1905-80) | 21 |
| Jean Hyppolite (1907-68) | 35 |
| Louis Althusser (1918-90) | 47 |
| Jean-François Lyotard (1924-98) | 69 |
| Gilles Deleuze (1925-95) | 83 |
| Michel Foucault (1926-84) | 89 |
| Jacques Derrida (1930-2004) | 93 |
| Jean Borreil (1938-92) | 105 |
| Philippe Lacoue-Labarthe (1940-2007) | 113 |
| Gilles Châtelet (1945-99) | 119 |
| Françoise Proust (1947-98) | 129 |
| Origem dos textos | 135 |

# ABERTURA

O primeiro título em que pensei para esta série de homenagens a filósofos franceses falecidos foi: "Orações fúnebres". É um título que, apesar de não ser alegre, cobre uma ilustre história literária. Mas ele não é exato. Porque meu sentimento, a cada vez que falo desses filósofos amigos, ou seja, desses inimigos, desses companheiros de um jogo complicado, que acompanharam minha vida, minhas leituras, meus conflitos e meus entusiasmos, não é o de Bossuet[1], imenso escritor, mas a serviço do Poder. Não posso manter a direção obrigatória da oração, do exemplo ou até mesmo do juízo. Logo, quando Eric Hazan me propôs o título atual, eu o aceitei quase sem pensar, principalmente porque ele me parecia tônico e bem afastado da morte. Porque eu tenho certeza de que a morte não deve nos interessar, nem a depressão. Se a filosofia serve para alguma coisa, é exatamente para afastar de nós esse cálice das paixões tristes, para nos ensinar que a piedade não é um afeto leal, nem a queixa é uma razão de ter razão, nem a vítima é aquilo a partir do qual nós devemos pensar. Por um lado, como o gesto platônico estabelece de uma vez por todas, é a partir do Verdadeiro, declinado, se preciso, como Belo ou como Bem, que toda paixão lícita e toda criação com intuito universal se origina. Por outro lado, o animal humano, como Rousseau sabia, é essencialmente bom e, quando não é, isso se deve a uma causa exterior que o obriga a isso, causa que deve ser detectada, combatida e destruída logo que possível, sem a menor hesitação. Os que pretendem que o animal humano seja mau querem apenas domesticá-lo para transformá-lo em um assalariado moroso e em um

---

1. Jacques-Bénigne Bossuet, bispo de Meaux, missionário e escritor francês (1627-1704). (N. T.)

consumidor deprimido a serviço da circulação dos capitais. Como o homem é capaz de criar verdades eternas em diversos mundos, ele detém em si mesmo o anjo do qual as religiões gostariam de duplicá-lo. É o que ensina, desde sempre, a filosofia propriamente dita. Para que esse anjo interior se declare, é importante manter um princípio, uma máxima, finalmente sempre a mesma, sob uma grande variedade de formas. Vamos escolher a de Mao: "Rejeitem suas ilusões e preparem-se para a luta". Manter o verdadeiro contra o ilusório e, sejam quais forem as circunstâncias, combater ao invés de se render, não vejo como uma verdadeira filosofia, como são aquelas dos catorze nomes que se encontram abrigados em meu pequeno panteão, possa desejar outra coisa.

O ponto é que hoje, sob a fachada de "filosofia", estão tentando nos impor uma máxima, na verdade oposta, assim dita: "Cultivem suas ilusões e preparem-se para capitular". Vimos aparecer revistas nas quais a "filosofia" se parece com a medicina alternativa através das plantas ou com a eutanásia dos entusiastas. Filosofar seria uma pequena parte de um vasto programa: permanecer em forma, eficiente, mas descontraído. Vimos "filósofos" declararem que, como o Bem era inacessível, ou até mesmo criminoso, era preciso se contentar em lutar passo a passo – e, sobretudo, lado a lado com nossos amigos ianques – contra diversas formas do Mal, algo que se não se referir a "árabe" ou a "Islã", refere-se a "comunismo". Vimos os "valores" de que a filosofia sempre nos ajudou a nos livrar ressuscitarem, como a obediência (aos contratos comerciais), a modéstia (diante da arrogância dos histriões da televisão), o realismo (desigualdades e lucros são necessários), o egoísmo total (batizado de "individualismo moderno"), a superioridade colonial (os bons democratas do Ocidente contra os malvados déspotas do Sul), a hostilidade ao pensamento vivo (todas as opiniões devem ser levadas em conta), o culto do número (a maioria sempre é legítima), o milenarismo estúpido (já posso sentir debaixo de meus pés o planeta esquentar), a religião vazia (afinal, deve realmente existir Algo..."), a lista é interminável, valores dos quais inúmeros "filósofos" e "filosofias" não dispensam; pelo contrário, eles se esmeram em nos infectar com eles, por meio de artiguinhos, debates, manchetes sensacionalistas ("A ética dos stock-options: os filósofos finalmente tomam a palavra") e mesas-redondas endiabradas ("Os filósofos entre o fio dental e o véu"). Essa prostituição permanente das palavras "filósofo" e "filosofia", cuja origem, imediatamente estigmatizada por Deleuze, foi a partir de 1976 a produção puramente midiática do sintagma "novos filósofos", acaba realmente pesando. Com a velocidade das coisas, não serão apenas os cafés que serão chamados de "filosóficos" (uma invenção bem triste, o fato de os "cafés filosóficos" serem os sucessores dos "botecos" onde antigamente se batiam papos estereotipados). Acabaremos por penetrar, com grande pompa, nas comodidades filosóficas.

Então, sim, convém se lembrar do que é um filósofo. Pelo exemplo daqueles que, na França, mais numerosos do que em outros lugares, assumiram a difusão desse vocábulo durante as últimas décadas. É preciso buscar a ajuda deles para limpar e lustrar de novo as palavras em nome das quais eles, com muita dificuldade e debaixo de uma grande tensão do pensamento, propuseram aceitar, incondicionalmente, a necessidade de encontrar ao menos uma Ideia verdadeira e de nunca ceder quanto a suas consequências, mesmo que esse ato que ninguém reivindica, como diz Mallarmé em relação a Igitur, "seja totalmente absurdo, [a não ser que] o Infinito se encontre, finalmente, *fixado*".

Em resumo, eu convoco meus amigos, os filósofos que já se foram, como testemunhas de acusação do processo movido pelo Infinito contra os falsificadores. Eles vêm dizer, pela voz que pronuncia seu elogio, que o imperativo do materialismo democrático contemporâneo, "Viva sem Ideia", é, ao mesmo tempo, vil e inconsistente.

Esses textos têm forma e destinação bem diferentes. Trata-se, em todos os casos, de homenagens dirigidas a grandes espíritos, frequentemente na época de seu desaparecimento, em comemoração a um aniversário desse desaparecimento, ou de um colóquio que lhes foi consagrado. Mas essas homenagens vão de um breve artigo até uma longa meditação, sem que essas diferenças tenham aqui qualquer sentido hierárquico. As últimas páginas, "Origem dos textos", indicam, diga-se de passagem, não apenas a data e a proveniência desses pequenos escritos, mas também alguns complementos que dizem respeito à minha relação intelectual com os filósofos de quem eu falo.

Apesar de alguns deles terem sido mestres de minha juventude, eu diria que hoje não sigo nenhum deles sem reservas em sua construção. Eu tive laços de amizade com alguns, com outros tive algumas desavenças. Mas, pois é, fico feliz em dizer aqui que, diante das poções que querem que engulamos hoje, gosto muito destes catorze filósofos já falecidos. Sim, eu os amo.

# JACQUES LACAN
# (1901-81)

Este, que morreu recentemente, era ainda maior do que se imagina, visto que a grandeza é artigo raro, bem raro, em nossas regiões incertas. A mídia, cujo objetivo é alinhar universalmente o que existe na prosa fugaz e restrita do jornalismo, não o poupou. Deram a palavra, por todos os cantos, aos adversários declarados ou aos catadores de lixo.

Na verdade, o fato de a própria morte não calar a inveja é um sinal da barbárie de nossas sociedades. Quantos anões psicanalistas, quantos pseudojornalistas para fazerem ouvir o grito mesquinho: "Finalmente ele morreu, este que nos atrapalhava! Prestem atenção em MIM[1]!".

Na realidade, Lacan desde o começo tinha se lançado na guerra contra a consistência ilusória do "Ego". Contra a psicanálise norte-americana dos anos 1950, que propunha o "reforço do ego" e adaptar, assim, as pessoas ao consenso social, ele dizia que o sujeito, sob a determinação simbólica da linguagem, era irredutivelmente sujeito do desejo e, como tal, inadaptável à realidade, a não ser por meio do imaginário.

Lacan estabelece, na verdade, que a causa do desejo é um objeto perdido, ausente, e que, dessa maneira, o desejo, articulado sob a lei simbólica, não tem nem substância, nem natureza. Ele tem apenas uma verdade.

Essa visão particularmente amarga da psicanálise, em que aquilo que está em jogo não é o bem-estar, mas sim a verdade, se convertia na prática de sessões de tratamento às vezes bem curtas. O papel crucial e

---

1. Em francês, *"moi"* pode significar tanto "mim" quanto "ego" em português. (N. T.)

nulo dos psicanalistas é o de fazer brilhar, fulgor subjetivo, o significante de um corte, por onde a verdade do desejo transita, enquanto o psicanalista deve consentir em ser apenas, no final, o resíduo desse trabalho.

A prática das sessões curtas polarizou contra Lacan o que era um verdadeiro ódio pela verdade. Ela lhe valeu, literalmente, a excomunhão da Internacional dos psicanalistas. Sua necessidade de organizar a transmissão de seu pensamento e de formar analistas, conforme o que ele pensava ser a ética de sua prática, o conduziu a fundar sua própria escola. Mas, mesmo assim, cisões e dissoluções foram testemunhos de uma resistência árdua para manter, até o fim, a severa posição que ele promovia.

Tinha se tornado de bom-tom afirmar que, a partir dos anos 1970, Lacan, idoso, já não transmitia mais nada que valesse a pena. Em minha opinião, muito pelo contrário. O esforço último de Lacan, depois de ter desenvolvido a teoria da sujeição do sujeito à regra do significante, era o de aprofundar ao máximo a pesquisa de sua relação com o real. As regras do significante não bastavam. Era necessária, de certa maneira, uma geometria do inconsciente, uma nova figuração das três instâncias onde o efeito-sujeito se desenvolve (Simbólico, Imaginário, Real). O uso da topologia por Lacan era uma exigência interna de uma nova etapa de seu pensamento, o que sublinha seu materialismo fundamental.

Lacan sustentava que a política não tocava o real. Ele dizia que o "social sempre é uma praga". Entretanto, acontece que a dialética do sujeito proposta por ele é um recurso obrigatório, inclusive pelo marxismo em crise. É claro, na verdade, que o fiasco dos partidos-Estados oriundos da III Internacional dá abertura a uma interrogação radical quanto à essência do sujeito político. Pois nem o sujeito concebido como consciência (tese de Sartre), nem o sujeito concebido como substância natural podem servir. É, certamente, do lado do sujeito ao mesmo tempo dividido e errante, aquele que Lacan, em sua ordem, teoriza, que se pode encontrar a maneira de ultrapassar os impasses anteriores. Porque tal sujeito é o resultado de uma ruptura, e não da ideia de que ele representa uma realidade, mesmo ela sendo a da classe operária. Para um marxista francês de hoje, Lacan funciona como Hegel em relação a um revolucionário alemão de 1840.

Na situação de trivialidade e de relativo baixo nível dos intelectuais, a morte de Lacan, depois da de Sartre, não melhora em nada a situação. Nós esperávamos plenamente o que ele ainda poderia dizer. Além do conteúdo de seu ensino, havia nele uma ética do pensamento que se tornou completamente inusual.

*Le Perroquet*[2] vai voltar, sem nenhuma dúvida, a ter um peso nessa ética, quase imperceptível. Tratava-se inicialmente de homenagear, sem restrições ou presunções, aquele que não existe mais.

---

2. Cf. nota no capítulo "Origem dos textos – Lacan". (N. T.)

# GEORGES CANGUILHEM (1904-95)
# E JEAN CAVAILLÈS (1903-44)

Celebraremos aqui, como na Antiguidade, a celebração dos mestres mortos pelos mestres vivos. Nisso nós interrompemos duas vezes a regra de nossas sociedades rápidas que cultuam a desenvoltura supostamente esclarecida. Porque nos esquecemos dos mortos rapidamente, apressados em sobreviver molemente, e ironizamos os mestres, rebeldes tanto em relação ao jornalismo como à representação reivindicadora – "antielitista" – da democracia no pensamento.

Georges Canguilhem foi – e, logo, continua sendo, porque tal inscrição é inapelável – o mestre forte e discreto de minha geração filosófica. Por que esse especialista da história das ciências da vida exerceu esse magistério de universidade até o mais profundo de seu pensamento infinitamente preciso? Porque, sem dúvida, a concepção que ele tem do rigor intelectual se estende, por um lado, à tomada de consciência minuciosa da história dos conceitos e, por outro, à lógica pura dos engajamentos. De maneira que Canguilhem, apoiado na concepção de uma universalidade liberal perene, mais interessada que qualquer outra em distinguir o que é válido do que é apenas aparência, cobre com sua atenção, além dos saberes especiais em que ele é excelente, com uma excelência quase esquecida, tudo aquilo que combina o sentido articulado da história com a ética da ação.

Houve, assim, uma espécie de influência eletiva que fez de Georges Canguilhem o mestre de uma multidão de jovens filósofos diferentes, cujos destinos se afastaram, uns dos outros e dele, sobretudo quando maio de 1968 veio demolir, irreversivelmente, o edifício universitário, que fazia a propagação desse gênero de maestria, ao qual justamente ele fazia questão de se manter fiel.

Poderíamos supor duas coisas:

Primeiramente, que Canguilhem já é um grande clássico, designado em suas obras[1], todas construídas sobre lentas consecuções de artigos cruciais, em que se prolonga – se encerra? – a grande tradição nacional de uma epistemologia apoiada no exame histórico da genealogia dos conceitos, das rupturas de campo onde acontecem conflitos de interpretação, reformulações de domínios. Canguilhem é, então, para as ciências da vida, o que Koyré[2] e Bachelard[3] são para a física. O que Jean Cavaillès e Albert Lautman[4], combatentes da Resistência mortos pelos nazistas, começavam a ser para as matemáticas.

Porém, e em seguida, permanece intransmissível, senão na particularidade de seus objetos, a função subjetiva de maestria que Canguilhem representava, por falta de – embora, graças a Deus, a obra e a vida do mestre tenham continuado – terem sido mantidas as condições, de instituição e de pensamento, que ligavam essa função à nossa avidez múltipla de conhecimento, entre 1950 e 1967.

Entretanto, eu acho que o opúsculo que tem como título *Vie et mort de Jean Cavaillès*[5], precisamente por não estar em um registro culto e se propor, com uma simplicidade seca, a homenagear um filósofo da resis-

---

1. Algumas obras de G. Canguilhem: *La connaissance de la vie* [*O conhecimento da vida*] (1965); *Études d'histoire et de philosophie des sciences* [*Estudos de história e de filosofia das ciências*] (1969); *Idéologie et rationalité dans l'histoire des sciences de la vie* [*Ideologia e racionalidade na história das ciências da vida*] (1981).

2. Alexandre Koyré, filósofo e historiador das ciências, francês de origem russa (1892-1964). (N. T.)

3. Gaston Bachelard, filósofo das ciências e da poesia, francês (1884-1962). (N. T.)

4. Filósofo da matemática, francês (1908-44). (N. T.)

5. *Vie et mort de Jean Cavaillès* [Vida e morte de Jean Cavaillès] (1976), na série "Carnets de Baudasser", 464 exemplares numerados, editora Pierre Laleure, Ambialet, 81430, Villefranche d'Albigeois.

tência assassinado, pode comunicar aos de uma outra época uma parte do segredo perdido dos mestres.

Esse opúsculo reúne três textos de um gênero cujo desuso, nos tempos republicanos, pode afastar apenas os que consentem, antecipadamente, na perda para a barbárie do tempo: a comemoração oficial de um grande morto.

Mao Tsé-Tung não tinha essas ironias modernas quando sustentava que "quando um dos nossos vier a faltar, seja ele cozinheiro ou soldado, deveremos, se ele tiver feito uma obra útil, celebrar suas exéquias fazendo uma reunião para honrar sua memória".

Temos então a inauguração do anfiteatro Jean Cavaillès em Estrasburgo (1967), uma comemoração no ORTF[6] (1969) e uma comemoração na Sorbonne (1974). Canguilhem resume a vida de Jean Cavaillès: filósofo e matemático, professor de lógica, cofundador do movimento de resistência Libération-Sud, fundador da rede de ação militar Cohors, preso em 1942, foge, é preso novamente em 1943, torturado e fuzilado. Descoberto em uma vala comum, em um canto da cidadela de Arras, e batizado naquele momento como "Desconhecido Nr 5"[7].

Mas o que Canguilhem tenta restituir vai além da evidente designação do herói ("Um filósofo matemático recheado de explosivos, um lúcido temerário, decidido sem otimismo. Se isso não é ser um herói, o que é então um herói?"). Fiel, no fundo, a seu método, o registro das coerências, Canguilhem tenta decifrar o que cria a passagem entre a filosofia de Cavaillès, seu engajamento e sua morte.

---

6. Office de Radiodiffusion Télévision Française (ORTF) foi a agência nacional responsável, entre 1964 e 1974, pelo fornecimento de serviço público de rádio e televisão na França. (N. T.)

7. Obras de Jean Cavaillès: *Remarques sur la formation de la théorie abstraite des ensembles* [*Observações sobre a formação da teoria abstrata dos conjuntos*] (1938), *Transfini et continu* [*Transfinito e contínuo*] (1943), *La correspondance Cantor-Dedekind* [*Correspondência Cantor-Dedekind*] (1937), obras reunidas na antologia *Philosophie mathématique* [*Filosofia matemática*], nas Éditions Hermann; *Sur la logique et la théorie de la science* [*Sobre a lógica e a teoria da ciência*], 3ª edição em 1976, Éditions Vrin, e *Méthode axiomatique et formalisme* [*Método axiomático e formalismo*] (1938).

É verdade que isso é um enigma aparente, visto que Cavaillès trabalhava com a matemática pura, bem longe da teoria política ou do existencialismo engajado. E que, além disso, ele achava que a filosofia da matemática deveria se libertar de qualquer referência a um sujeito matemático constituinte, para examinar a necessidade interna das noções. A frase final do ensaio *Sur la logique et la théorie de la science* – texto redigido durante sua primeira prisão no campo de Saint-Paul d'Eygaux, local escolhido pelo Estado de Pétain –, que se tornou célebre, diz que se deve substituir a filosofia da consciência pela dialética dos conceitos. Nisso Cavaillès antecipava em vinte anos as tentativas filosóficas dos anos 1960.

Pois é justamente nessa exigência de rigor, nesse culto instruído da necessidade que Canguilhem vê a unidade do engajamento de Cavaillès e de sua prática de lógico. Porque, na escola de Spinoza, Cavaillès queria dessubjetivar o conhecimento; ao mesmo tempo, ele considerou a resistência como uma necessidade inelutável, que nenhuma referência do Ego podia delimitar. Dessa maneira, ele declarava em 1943: "Sou spinozista, eu acho que nós apropriamos por todos os lados o necessário. Necessários os encadeamentos dos matemáticos, até mesmo necessárias as etapas da ciência matemática, necessária também essa luta que nós estamos levando".

Assim, Cavaillès, liberto de qualquer referência a sua própria pessoa, teria praticado as formas extremas da resistência, ao ponto de se infiltrar vestido com um macacão de operário na base de submarinos da Kriegsmarine em Lorient, como se estivesse fazendo ciência, com uma tenacidade sem ênfase, cuja morte era apenas uma eventual conclusão neutra, porque como Spinoza afirma: "O homem livre não pensa em nada a não ser na morte, e a sabedoria é uma meditação não sobre a morte, mas sobre a vida".

Como Canguilhem diz: "Cavaillès participou da resistência *por lógica*". E essa afirmação é ainda mais forte porque se supõe que

Canguilhem, mudo sobre esse ponto, mas que estava, sabemos disso apesar de seu silêncio, igualmente engajado na Resistência, deveria ter mais ou menos o mesmo princípio.

Por essa razão, ele pode legitimamente zombar dos que, embora filósofos da pessoa, da moral, da consciência, "só falam tanto de si mesmos porque só eles podem falar da sua resistência, por ela ter sido tão discreta".

Pode-se ver bem, sem dúvida, porque Georges Canguilhem se encontra na posição de designar para nós a autenticidade filosófica. Não se trata aqui de política, sem dúvida a divergência viria à tona, mas daquilo que a torna universalmente possível, e que é a pouca preocupação que estamos prontos a ter com nós mesmos caso uma causa histórica incontestável requeira que nos engajemos nela, e, se não o fizermos, estaremos sacrificando, além de nossa dignidade, qualquer ética e, finalmente, na verdade, qualquer lógica, ou seja, qualquer pensamento.

A ordem do pensamento não anda sem a exigência irreprimível que funda nela a consistência subjetiva. O ensino não é vão, na hora em que os operários poloneses criam eles mesmos sua resistência e que a guerra está novamente à espreita.

É, então, justo e oportuno homenagear Canguilhem homenageando Cavaillès, e lhes ser gratos, sabendo que, para citar mais uma vez Spinoza, "apenas os homens livres são muito gratos uns para com os outros".

# JEAN-PAUL SARTRE
# (1905-80)

Sartre participou de três grandes combates políticos. Foi através deles que ele se tornou essa figura do intelectual progressista que, hoje, é causa de luto para cada um que pertence a esse movimento, ou denunciado como erro, perversão ou crime, por aqueles que não pertencem a ele. Nos anos 1950, diante do anticomunismo desenfreado, diante do partido norte-americano, Sartre se alia ao lado do PCF, considerando que apenas nele se mantém a expressão operária. Nos anos 1960, Sartre se liga à ala anti-imperialista. Ele combate a guerra colonial na Argélia. Descobre o poder popular dos povos dos países em desenvolvimento. No começo dos anos 1970, depois de maio de 1968, Sartre experimenta o caráter reacionário do PCF. Com os *maos* da época, ele escolhe o lado dos imigrantes, dos OS[1], dos mineradores do Norte da França, das revoltas anticapitalistas e antissindicalistas.

Trinta anos de exatidão na revolta, de metamorfoses exatas das posições, de cóleras ajustadas. E isso, diga-se de passagem, em uma glória mundial incontestada. Isso só é comparável, em nossa história literária, a Voltaire, príncipe literário do século XVIII, defendendo Calas[2], Sirven[3] e o

---

1. *Ouvrier spécialisé* [Operário especializado]. (N. E.)

2. O caso Calas foi um caso judicial que aconteceu entre 1761 e 1762 em Toulouse sob o conflito religioso entre protestantes e católicos, que se tornou conhecido por causa da intervenção de Voltaire.(N. T.)

3. O caso Sirven foi um caso judicial que aconteceu em 1765 em Castres, três anos depois do caso Calas. Voltaire também se implicou nesse caso que demonstrava a intolerância religiosa que existia sob o Antigo Regime, pouco tempo antes da Revolução Francesa. (N. T.)

Cavalheiro de la Barre[4], a Rousseau, romancista de enormes tiragens, de quem se queima o *Contrato social*, a Victor Hugo, monumento histórico vivo que, quase o único entre os artistas e os intelectuais, se insurge contra o golpe de Estado de 2 de dezembro[5], e depois contra a repressão da Comuna. Estes são nossos grandes escritores nacionais. Eles combinam fama imensa, status glorioso, recusa em se curvar e mobilidade de revolta nunca destruídas. Esses são escritores que nunca cedem.

Se existe um enigma sobre Sartre, não é, como se diz hoje, por ele ter marchado com os stalinistas nos anos 1950. Muito pelo contrário: esse foi, para ele, o momento de verdadeira conversão. Sem nenhuma ilusão verdadeira sobre o PCF, Sartre tinha entendido, naquela época, que existia para o intelectual uma escolha historicamente situada. Que quem quer que pretendesse se manter fora dos campos existentes apenas reforçava o campo da conservação social. Quando ele diz "todo anticomunista é um cachorro", ele apenas inscreve a necessidade do real político. Em 1950, é bem verdade que todo anticomunista apenas abdica, apenas prefere, para ele e para os outros, a servidão e a opressão. É esse caráter histórico, delimitado, da escolha que arranca Sartre da metafísica da salvação individual.

Podemos sentir o momento dessa conversão, ao mesmo tempo puro e confuso, na peça *O diabo e o bom Deus*. Gœtz quis ser o herói do Mal, depois o herói do Bem. Mas essa ética formal termina em um desastre, na realidade da Alemanha da guerra dos camponeses. Gœtz vai, então, se alistar no exército camponês com um objetivo preciso: ganhar a guerra. Ele vai reinar – como Stalin – sob o terror, no estrito interesse da vitória, sobre esse exército ameaçado pela divisão dos camponeses.

---

4. François-Jean Lefèbvre de La Barre (1745-66) foi um jovem nobre francês condenado a ser torturado, decapitado e queimado por blasfêmia e sacrilégio. (N. T.)

5. Que reinstaurou o Império e colocou no poder Napoleão III. (N. E.)

E veja aqui como Gœtz conclui:

> Eu não me curvarei. Eles terão horror de mim, visto que não tenho outra maneira de amá-los, eu lhes darei ordens, visto que não tenho outra maneira de obedecer, eu permanecerei solitário com esse céu vazio sobre minha cabeça, visto que não tenho outra maneira de estar com todos. Essa guerra deve ser feita, e eu a farei.

Sartre continuará, desde então, convencido de que sempre haverá UMA guerra a ser feita; ele ainda acha, em 1950, que a solidão é um meio de estar com todos, o que é a marca de seu passado. Mas ele vai mudar. O essencial de Sartre se torna, em 1950, o homem da precisão dos engajamentos, o homem dos conflitos históricos concretos. São os três grandes combates sobre os quais falamos anteriormente. É a lógica, a profunda lógica de Sartre.

O enigma sobre Sartre é anterior. Existe um combate que escapou dele e que não atrapalhou sua atitude prática, nem sua filosofia, que foi o combate da resistência antinazista. Sartre chega à política entre 1945 e 1950. Sua celebridade é, primeiramente, forjada na metafísica e na arte. O que acontece é que, durante a guerra, Sartre elabora sua primeira filosofia. *O ser e o nada* aparece em 1943. Entre essa filosofia e o engajamento político existe uma enorme distância. Sartre coloca no centro da experiência a liberdade absoluta do Sujeito, e essa liberdade ainda é mantida na estrita consciência individual. A relação com o Outro é certamente um dado constitutivo dessa consciência. Mas minha relação com o outro é o meio pelo qual eu me reconheço em seu olhar como algo vergonhoso, como reduzido ao ser que, mesmo estando livre, eu não sou. E, inversamente, eu só posso escapar desse destino de ser que me inflige o Outro negando-o, portanto, negando o outro. A relação imediata com o Outro oscila, assim, entre o masoquismo, pelo qual eu me faço ser para o outro, e o sadismo, em que é o outro que eu faço ser para mim. Em ambos os casos, a liberdade se aplica a se afundar no ser, ou eu a nego em mim mesmo, ou eu a nego no outro. Essa reversibilidade pela qual as liberdades fogem uma da outra não fornece nenhum terreno para uma reciprocidade, para uma solidariedade combativa. O Sujeito é a fuga infinita da liberdade diante do ser, e o homem é o inferno do homem. Nesse horizonte, nenhuma causa política pode vir unificar as consciências em um projeto coletivo. Qualquer unificação é exterior: é uma forma do ser que envia, ela mesma, a um grande Outro, a um olhar invisível para quem nós somos coisas e aceitamos livremente ser isso. Assim, qualquer projeto coletivo só pode ser passivo. Só o indivíduo é um centro ativo. Ainda em 1960, Sartre chamará de "coletivo" uma multiplicidade de indivíduos cuja unidade é uma síntese passiva.

Entretanto, a partir do final dos anos 1940 o imenso esforço de Sartre se encontra em torno de uma única questão: como a atividade, cujo modelo único é a consciência individual livre, pode ser um dado coletivo? Como escapar da ideia de que toda realidade histórica e social é obrigatoriamente passiva? O resultado desse esforço é o lançamento, em 1960, de *Crítica da razão dialética*.

O paradoxo é que, nesse meio tempo, as coisas tomaram um caminho completamente diferente. Althusser quis regenerar a exatidão do marxismo eliminando, no sentido contrário da tentativa sartriana, toda referência a um sujeito histórico. Insistindo no caráter estrutural das análises marxistas. Sublinhando a cientificidade, da qual Sartre se aproxima apenas com circunspecção. E é por esse caminho primeiramente que o marxismo vivo vai se engajar, e não pelo de Sartre. Os maoístas do final dos anos 1960 vão fundir o rigor marxista com a experiência histórica da Revolução Cultural na China. Eles vão reivindicar a exatidão da ciência como o equivalente teórico da exatidão da revolta.

Mas podemos dizer também que, retrospectivamente, depois de maio de 1968, ainda mais hoje, é realmente a subjetivação política que aparece como central no balanço do marxismo, sob a forma de uma questão dupla:

As massas são capazes de qual atividade revolucionária independente? Elas podem, como diz o maoísmo, "contar com suas próprias forças"? Qual é a relação do movimento de massa com as grandes instituições políticas inertes do imperialismo: o parlamento e os sindicatos? A classe precisa de qual partido político hoje? Qual é a essência do sujeito político constituído?

Daí um retorno, se quiserem, à preocupação fundamental de Sartre. Se bem que, observando um pouco mais, podemos dizer também que: o Sujeito que é necessariamente abordado hoje não é o sujeito da História. A ideia de uma totalização histórica não nos é mais útil. Trata-se do sujeito político, sujeito totalmente particular. Logo, a questão de Sartre não é exatamente a boa. Tudo isso conduz a um balanço complexo de sua tentativa.

Primeiramente, existem em Sartre espantosas descrições históricas e concretas dos conjuntos sociais. Ele distingue três espécies principais: a série, que é o agrupamento inerte; o grupo, que é a liberdade coletiva e reciprocidade; e a organização, que é a forma serial interiorizada pelo grupo.

A série é a forma coletiva da inércia social. O que Sartre chama de "seres sociais inorgânicos". A série é um agrupamento de homens em que cada um está só porque ele é intercambiável com todos os outros. O exemplo inicial de Sartre é o da fila no ponto de ônibus: cada um está lá pela mesma razão, mas esse interesse comum reúne pessoas no exterior. Essa exterioridade é interiorizada como a indiferença de cada um por todos: eu não falo com os outros, eu apenas espero como eles. Também podemos dizer que, na série, os homens estão reunidos pelo objeto. A unidade do agrupamento se constitui a partir do fato de que a relação de cada um com o objeto é a mesma. Mas essa identidade exterior se torna uma alteridade interior: se eu sou feito pelo objeto o mesmo que o outro, é porque eu sou outro para mim. Como Sartre diz: "Cada um é o mesmo que os Outros enquanto é Outro para si". A lei da série é, finalmente, a unidade pela separação. Sartre amplia essa fórmula à quase totalidade dos coletivos: o trabalho em linha de montagem, as grandes administrações, escutar rádio, em todos os casos o objeto produz uma unidade indiferente, uma unidade de separação. É tipicamente a síntese passiva. O momento em que a produção material retorna às práxis individuais para totalizá-las na inércia. A unidade humana da série é uma unidade de impotência: cada um, idêntico ao Outro, é exterior a si mesmo, logo, privado da liberdade prática. A série é o reino do Outro. Ponto em que Sartre reencontra uma grande ideia marxista: a impotência do povo sempre é sua divisão interior, sua separação de si mesmo. E é isso que assegura o reino do Outro, o reino da burguesia. A marca mantida aqui do pessimismo sartriano é que, para ele, a série é o tipo fundamental da socialidade. É, por assim dizer, a estrutura ordinária da vida das massas.

A marca de sua tentativa otimista, no entanto, é a emergência, contra a inércia social, do grupo em fusão. Essa ruptura, realmente é preciso dizer, é um ponto de obscuridade dialética na abordagem. Como os homens, reunidos passivamente na impotência e na separação pelos grandes coletivos sociais, podem subitamente fazer surgir uma unidade ativa em que eles vão se reconhecer uns aos outros? É notável como, retomando uma expressão de Malraux, Sartre chama esse acontecimento de apocalipse. O apocalipse é a dissolução da série no grupo em fusão. A própria mediação obrigatória é em parte exterior: o que permite a dissolução da série e cria uma nova reciprocidade é a consciência de seu caráter insuportável. Se, por exemplo, o ônibus que nós esperamos na indiferença passiva não chegar, protestos e murmúrios vão acontecer. As pessoas vão conversar a partir da desumanidade do condicionamento exterior. Já nessa etapa, um elemento de fusão aparece: a unidade de separação é praticada como unidade interiorizada: eu me dirijo ao outro visto que, como eu, ele acha a espera insuportável. O que era: "eu sou o mesmo que o outro sendo diferente de mim" se torna: "o outro é o mesmo que eu que não sou mais meu outro". Como Sartre diz: na série, a unidade se faz em outro lugar, no objeto. É uma unidade passiva. No grupo em fusão, a unidade se encontra imediatamente aqui, em mim e em todos os outros. É uma unidade ativa e é uma unidade de ubiquidade: na série, o Outro está por toda parte. No grupo em fusão, o Mesmo está por toda parte.

O que vai manifestar essa nova unidade é a possibilidade para qualquer um indicar a cada um dos outros sua unidade prática com todos os outros. Se, por exemplo, alguém disser: "Vamos protestar todos juntos", todos farão isso porque esse apelo prático é a mediação entre cada um e todos os outros. É a dissolução da série verdadeiramente efetuada. Esse personagem que diz isso não tem nenhum estatuto institucional ou exterior. Ele é esse anônimo pelo qual cada um é o mediador possível da reciprocidade de todos. É o que Sartre chama de terceiro regulador. O terceiro regulador é o estatuto de cada um em uma relação prática com a reciprocidade de todas as práxis individuais. Um grupo em fusão se compõe de terceiros rotativos que totalizam na ação a interioridade do grupo em fusão. Não é nem um chefe, nem um líder; é cada um tornando possível para os outros, por meio de indicações e diretrizes espontâneas, que o grupo dissolva a inércia serial. "Cada um é meio do terceiro a partir do momento em que o terceiro é meio do grupo."

Sartre aplica esse esquema a brilhantes análises de dias de revolta ou de insurreição. Ele mostra o funcionamento específico de coletivos seriais (a Bastilha[6]). Ele mostra como o insuportável (a miséria, o medo) pressiona a inércia. Ele mostra a emergência da fusão (o grito: "para a Bastilha"). Mas ele faz isso – algo não despercebido – no âmbito das revoluções burguesas, especialmente a de 1789. Ou seja, no âmbito dos dias de

---

6. A praça da Bastilha é até hoje, simbólica e tradicionalmente, um lugar em Paris de agrupamentos de passeatas e manifestações de tendência esquerdista. Nesse lugar se encontrava a antiga prisão que foi tomada pelos revolucionários durante a Revolução francesa no dia 14 de julho de 1789 e demolida logo em seguida. (N. T.)

rebelião sem dialética constituída com as forças políticas institucionais, sem partido popular presente nas massas. A fusão, sob esse ponto de vista, é um conceito histórico-revolucionário, não é um conceito político. A política é abordada, na verdade, na terceira espécie de agrupamento: a organização. A matriz da organização, o que faz passar da fusão à instituição (que é, novamente, um coletivo serial) é o juramento. O juramento surge quando a possibilidade de dispersão do grupo é interiorizada. Cada um sendo o terceiro para todos os outros teme a solidão dispersiva, ao mesmo tempo, do fato dos outros, mas também de seu próprio fato. Não basta que a reciprocidade seja imediata. Ela deve receber uma mediação estável. O juramento é o meio pelo qual todos se comprometem a permanecer os mesmos. Isso dito, eu recebo a certeza de que o terceiro não se tornará o Outro, ao mesmo tempo em que eu dou a garantia de que eu não me tornarei o Outro para os terceiros. O juramento, qualquer que seja a forma, é, na verdade, a luta interna do grupo contra a iminência da traição. A traição necessariamente ameaça, visto que a separação é a forma normal da socialidade. Contra o retorno da série, o grupo deve exercer uma contrapressão sobre si mesmo, em um elemento subjetivo crucial, que é o medo do traidor nos outros mas também em mim mesmo.

    O pessimismo sartriano aparece aqui no fato de que o fundamento do processo organizacional é o medo, o medo da traição. O juramento será, obrigatoriamente, sustentado por um ambiente de terror. Por quê? Porque cada um ignora se o outro tem realmente muito medo da traição. Para igualar o medo, o grupo deve estabelecer em seu seio uma reciprocidade terrorista: quem trair o juramento será castigado por todos, tal é a nova interioridade do grupo. O otimismo é que o terror anda de mãos dadas com o surgimento da fraternidade. Visto que o próprio grupo é decidido no juramento, cada um tem consciência de ser seu próprio filho e cada um tem, em relação aos outros, obrigações de ajuda recíproca. A fraternidade é o modo pelo qual cada um vive, em relação aos outros, seu nascimento como indivíduo comum no grupo.

A vida do grupo ajuramentado tem como impulso a fraternidade-terror. Por meio da qual o grupo estabelece a dialética entre a liberdade prática e a série: uma determinando a fraternidade, a outra, interiorizada pelo medo, determinando a necessária opressão interna de cada um por todos. A partir daí, Sartre estuda o processo que permite compreender a organização e, em seguida, a instituição. A cada vez, a parte da inércia aumenta, a memória da fusão se apaga. A opressão vence a fraternidade. A divisão permanente das tarefas substitui a função do terceiro regulador. A instituição nos leva de volta ao ponto de partida: é um coletivo serial, e a unidade é apenas uma unidade de separação. A instituição suprema é o Estado.

O que há, talvez, de mais interessante nesse aparelhamento é o modo como ele permite dar novamente vida ao conceito marxista de classe. Sartre, desde 1955, luta vigorosamente contra uma definição puramente objetiva, puramente social, da classe operária. A classe é, para ele, um conjunto móvel que se articula em séries, em grupos, em instituições. A pura realidade objetiva operária, ao nível da produção, é uma unidade de separação, uma unidade serial e passiva. A divisão, a concorrência é a lei. Qualquer resistência operária, qualquer revolta das fábricas, é uma fusão local da série. A partir desse nível, nós temos um princípio de reciprocidade subjetiva. Sartre analisa detalhadamente. Em relação ao ritmo das cadências, ele indica que existe aí uma espécie de moral dialética orientada na recusa da concorrência serial.

> Aquele que diz "eu não farei mais que os Outros para não obrigar os Outros a fazerem mais do que eles podem e para que um Outro não me obrigue a fazer mais do que eu posso", este já é mestre do humanismo dialético.

Quando pensamos nas grandes palavras de ordem operária de depois de maio de 1968, na França ou na Itália, como "trabalhar em seu ritmo natural", devemos homenagear Sartre por ter percebido que ali havia algo essencial, não apenas para a política, mas também, ele tem razão ao dizer isso, para a Ética.

A classe é, então, série, é seu ser social; ela é fusão, é seu ser prático de massa; ela é organização, é seu trabalho em si mesma na modalidade, mais ou menos instável, da fraternidade-terror, indo até a instituição paraestatal, como são os grandes sindicatos. E sua história concreta, como subjetividade histórica, é o movimento articulado dessas três dimensões, nunca é o desenvolvimento linear de uma entre elas. Por meio disso, Sartre antecipa a distinção necessária entre a classe como ser social e a classe como ser histórico e político. Na História concreta, a classe existe de modo atomizado na série social; dissolve a série nas revoltas; estrutura o sujeito da revolta, contra a traição, por meio daquilo que Sartre chama de ditadura da liberdade e que é o grupo da fraternidade; engendra organizações, que mantêm "a frio" a capacidade de fusão e especializam as tarefas; e, enfim, se inverte completamente nas instituições, que realizam uma série de um novo tipo, uma divisão institucional, que duplica, de certa maneira, a divisão pelo trabalho.

Todas essas formas de existência coexistem, se desregulando, umas às outras, em uma História aberta. Existe uma circularidade de existência de classe, entre a série e a instituição, que é sua vida orgânica. Distinguiremos, entretanto, as formas ativas, ou totalizantes, dessa circularidade: a práxis individual, por um lado, e o grupo em fusão, por outro. E as formas passivas ou totalizadas: a série de um lado, a instituição do outro. Filosoficamente, isso quer dizer que o movimento histórico não é homogêneo, ele não provém de uma dialética unitária. Existem momentos que são antidialéticos: o da pura matéria de um lado, diante da práxis individual. O da instituição, diante do grupo insurrecional. Assim, Sartre se esforça em pensar, contra Hegel, na descontinuidade dialética. A liberdade prática pode, a qualquer momento, se voltar contra ela mesma pela inércia natural e institucional, ainda que o produto material e a instituição sejam efeitos da prática. A transparência do homem livre é investida por seu contrário, o que Sartre chama de prático-inerte. Daí que ela só aparece para ela mesma em um momento bem particular: o da dissolução da série, o da revolta unificadora.

Aqui está, incontestavelmente, o limite da lógica de Sartre. Se o homem só for realmente humano – ou seja, capaz de reciprocidade com o Outro – na revolta que dissolve a série, só existirá unidade humana no antagonismo, na violência. A forma exclusiva da atividade coletiva é o movimento de massa contra a inércia social, inércia protegida pelo adversário e pela instituição suprema: o Estado. A forma normal da sociabilidade é a passividade. Será que a história está orientada em direção de uma liquidação ampliada da passividade? É o sentido da ideia comunista. Mas, para Sartre, a passividade serial é condição da atividade coletiva. Na verdade, o homem só é realmente homem na dissolução da série. A atividade e a reciprocidade têm como conteúdo a destruição da passividade. Se, então, o fundamento social da passividade for restringido, o homem espera que existência? Em resumo, para Sartre, o Humano é apenas a dissolução prática do desumano. A dialética está condicionada pela antidialética. Como esperar seu surgimento estável, ou até mesmo ampliado? Temos, na verdade, o sentimento de que o homem apenas existe através de lampejos, em uma descontinuidade selvagem, sempre reduzido, no final das contas, à inércia e à lei de separação. A atividade coletiva é o tempo puro da revolta. Todo o resto provém da desumanidade necessária do homem, que é passividade.

Daí que a política sartriana é uma política do movimento de massa, ou seja, em muitos pontos, uma infrapolítica. É característico que, quando ele examina a questão das organizações operárias, é o sindicato que lhe serve como fio condutor, como se, de seu ponto de vista, a lógica do sindicato fosse a mesma que a dos partidos políticos. No fundo, o Sujeito que Sartre quer restituir ao marxismo é um sujeito histórico. É, por assim dizer, um sujeito-massa. A *Crítica da razão dialética* desenvolve uma lógica formal considerável para tornar o princípio compreensível: "as massas fazem a História". É, de certa maneira, o *savoir-faire* histórico das massas que é pensado aqui. Mas será que as massas que fazem a história fazem política da mesma maneira, no mesmo nível?

Sartre vê bem que a organização é um termo absoluto da política e que, desse ponto de vista, não podemos identificar História e política. Mas ele busca a razão dialética da organização inteiramente do lado das massas. Uma organização é, no fundo, para ele, revolta cristalizada. Cristalizada porque ela foi obrigada a interiorizar a passividade contra a qual o grupo surge. O partido político permanece, para ele, um instrumento: é a necessidade no interior da liberdade. É a passividade instrumental na atividade.

Para nós, a lógica do Sujeito político, a lógica de classe, não se encontra na continuidade com o movimento de massa. O partido é um processo particular, interno às massas, mas que efetua uma ruptura particular, a da política, a do comunismo. Por esse fato, o Partido é mais do que um instrumento e algo diferente disso. O Partido integra contribuições heterogêneas à sua presença nas massas: em especial, contribuições de caráter ideológico e teórico. A lógica de desenvolvimento não se inscreve unicamente na descontinuidade das rebeliões. Existe uma continuidade particular, que também não é a inércia da instituição, mas que é a continuidade da política proletária. E, para pensar até o final da continuidade dessa política, é preciso pensar que existem mais coisas, nas massas, que a capacidade destruidora, mais do que a dissolução das séries. É preciso pensar que a atividade e as ideias das massas têm uma exatidão interior que não está apenas presente no grupo em fusão. Em suma, é preciso pensar que a atividade popular não é apenas a reviravolta da passividade; é preciso pensar que, a qualquer momento, as ideias e as práticas populares são divisíveis, contraditórias, e que a experiência coletiva nunca se encontra prisioneira somente da contradição atividade/passividade. Se confiamos nas massas, é exatamente porque suas ideias são portadoras, também, de processos que mudam o terreno, que afirmam o novo, no exterior da oposição atividade/passividade.

Sartre, no fim das contas, funde a política com a História porque ele tem como único impulso a contradição entre a práxis individual transparente e a matéria inerte. Ele extrai o que pode de tudo isso, extrai coisas bem empolgantes. Mas também entendemos que, após maio de 1968, ele tenha sido o companheiro de estrada da Esquerda proletária. A Esquerda proletária tinha apenas uma palavra de ordem: "Temos razão para nos revoltar". A *Crítica da razão dialética* é a razão dessa razão.

Para nós, o Sujeito político, do qual, na verdade, o marxismo deve refazer a teoria, não coincide com o sujeito revoltado, mesmo se ele o supõe. O fato de o proletariado fazer sua política no povo não se confunde com o fato, sempre verdadeiro, de que as massas fazem a História. Existe no Sujeito político, no processo do partido político de novo tipo, um princípio de consistência que não é nem a série, nem a fusão, nem o juramento, nem a instituição. Um princípio irredutível que escapa à totalização sartriana dos conjuntos práticos. Um princípio que não está mais baseado na práxis individual.

Existem duas realidades maoístas nas quais Sartre não pode fundar a exigência. Em primeiro lugar, a confiança nas massas, como princípio permanente, que não é apenas em referência à violência insurgida, mas ao futuro comunista. Em seguida, o Partido de tipo novo, que é portador, além da ideia revolucionária, de uma lógica da unidade do povo que vale por si mesma, afirmativa, criadora, e não apenas guerreira ou dissolvente.

Sartre, entretanto, continua sendo um divulgador do marxismo. Ele nos convida, precisamente, a refletir sobre a política e sobre a História porque ele levou a seu ápice uma concepção puramente histórica e revolucionária do marxismo. Enquanto nós precisamos do político e do comunismo, além do histórico e do revolucionário. Sartre nos convida a retomarmos a questão do Sujeito político e a traçar a via de uma filosofia materialista-dialética centrada nessa questão. Eis porque Sartre não é apenas um grande companheiro de nossas ações, mas também um grande companheiro de nossos pensamentos.

# Jean Hyppolite
# (1907-68)

Para ser plenamente justo com Jean Hyppolite, apesar da novidade e da consistência do que ele nos deixou, é absolutamente preciso falar do personagem, de sua singularidade existencial. Por que ela é importante? Porque Hyppolite instalou uma espécie de mediação, completamente inusual, e, diga-se de passagem, frágil ao extremo, entre o regime acadêmico da filosofia, no interior do qual ele se encontrava, ocupando uma posição importante, e seu exterior. Ele foi, desse ponto de vista, uma exceção interna ao aparato acadêmico da filosofia francesa. Ele definiu um momento singular, uma espécie de esclarecimento no qual nós tivemos – "nós", os que tínhamos aproximadamente vinte anos em torno dos anos 1960 – a sorte de estar. Nestes anos, com Hyppolite, a rigidez filosófica acadêmica, geralmente severa, tinha relaxado. Para isso, ele obteve a cumplicidade e o apoio de Canguilhem, e esses dois criaram um dueto intra-acadêmico voltado para o exterior, aceitando o que poderíamos chamar de "lição do exterior". Essa abertura teve efeitos consideráveis em toda uma sequência da história da filosofia no país, a que Frédéric Worms[1] gosta de chamar de "o momento filosófico dos anos 1960", momento situado em algum lugar entre 1950 e 1980. É por isso que a pessoa de Hyppolite é importante. É também por isso que eu lhes peço a autorização de ser, hoje, absolutamente anedótico e totalmente superficial.

---

1. Filósofo francês, nasceu em 1964, professor de filosofia na ENS, na qual ele dirige o Centro Internacional de Estudo da Filosofia Francesa Contemporânea (CIEPFC). (N. T.)

Como foi dito aqui de modo bem denso, Hyppolite montou uma operação fundamental em torno de Hegel. Mas existe uma infinidade de operações derivadas ou secundárias que não podem ser reduzidas à empreitada de uma nova apropriação francesa de Hegel, implicando uma revisão do velho veredicto de Victor Cousin[2]. Eu gostaria de consagrar a essas operações derivadas uma pequena série de historinhas.

Primeiramente, no que diz respeito à tradução da *Fenomenologia do espírito* e seu comentário perpétuo – do qual se falou muito e insistentemente – que definem Hyppolite, segundo o título desse dia, como um *divulgador*. Mas em que sentido? Eu fiquei surpreso com uma observação que me foi feita por um de meus tradutores alemães, Jürgen Brankel, um filósofo de Hamburgo. Ele me disse estar infinitamente mais empolgado com a tradução francesa de Jean Hyppolite do que com o livro original de Hegel! Ele considerava o livro em alemão muito disforme, desordenado, um típico livro de juventude, e dizia que Hyppolite o tinha transformado em um verdadeiro monumento, totalmente novo. Segundo ele, essa "tradução" era, na realidade, um livro de pleno exercício, no qual a filosofia alemã deveria imperativamente vir se instruir. Essa "tradução" funcionava como um perfeito exemplo do que é a excelente filosofia francesa e mostrava como os alemães deveriam se educar junto a essa filosofia e, de maneira nenhuma, retomar esse livro como seu bem.

Parece que, assim, seja necessário tomar o termo "divulgador" em um sentido totalmente complexo. Hyppolite teria feito com que a *Fenomenologia* (re)passasse para o lado dos alemães enquanto livro francês original! Eis um exemplo particularmente tenso do que Hegel chama de "extraneação", ou seja, o efeito radical da mediação pela alteridade.

É, sem dúvida, isso que esclarece o estilo completamente particular dessa tradução. Vamos entrar em uma anedota. Quando éramos jovens,

---

2. Filósofo e político francês (1792-1867). (N. T.)

dizia-se, entre nós, que Hyppolite tinha um conhecimento muito baixo da língua alemã e que essa tradução era uma operação filosófica na qual as línguas eram realmente as servas do tradutor e, de nenhuma maneira, o motor. Dissemos hoje de manhã que Hyppolite tinha contribuído para a construção de um Hegel francês, tornando-se assim mais o sucessor de Villiers de l'Isle Adam[3] ou de Mallarmé do que o da Universidade, no entanto agente capital da história de filosofia. Nós temos aqui um testemunho espetacular, que, diga-se de passagem, definiu minha primeira relação com Hyppolite. Pois essa tradução eu li e pratiquei durante muito tempo sem nenhuma referência ao texto alemão. Felizmente, eu soube bem mais tarde, através de Jürgen Brankel, que era o bom método, que se deveria ler Hegel apenas em francês.

Meu segundo contato com Jean Hyppolite foi durante o concurso de acesso à École Normale Supérieure[4]. Ele era um dos jurados da prova de filosofia. Ele tinha a língua um pouco presa, os estudantes dessa escola tinham o hábito de imitar esse seu defeito. Ele tinha me perguntado: "Senhor Badiou, o que é uma coisa?", deformando a palavra "coisa" como apenas quem tem a língua presa faz. Eu respondi. Eu ainda continuo respondendo a essa questão, em livros grossos, a gente nunca sai incólume de nossos exames. Eu tinha estabelecido rapidamente uma cumplicidade com ele porque, nesse tipo de exercício retórico no qual nós éramos formados, eu tinha citado o poema de Parmênides na tradução de Beaufret[5]. Uma frase isolada em que Parmênides fala da lua, que eu apresentei como distância da Coisa: "Brilhante à noite, em torno da terra errante, luz de alhures". Manejando dessa maneira habilmente uma luz de alhures, eu

---

3. Auguste Villiers de l'Isle Adam, escritor francês (1838-89). (N. T.)

4. A ENS, École Normale Supérieure, é um instituto de ensino superior que faz parte do que se chama "Grandes Escolas" francesas, que formam a elite intelectual, política, científica e administrativa do país. (N. T.)

5. Jean Beaufret, filósofo francês, discípulo e amigo de Martin Heidegger (1907-82). (N. T.)

tinha visto Hyppolite se iluminar. Eu tinha vencido o jogo. Mesmo assim ele perguntou: "Mas, finalmente, qual é a diferença entre uma coisa e um objeto?", deformando as palavras com sua língua presa. Eu improvisei uma resposta. E devo dizer que, trabalhando de maneira bem dificultosa sobre a noção de objeto durante esses últimos anos, eu tinha essa advertência em mente. Eu temo continuar a confundi-los ainda hoje. Naquela época, depois do Hyppolite divulgador, eu encontrava o *organizador* do campo filosófico, no sentido daquele que recruta, que sabe fazer as boas perguntas, constituir alianças até mesmo com pessoas muito afastadas dele. Essa função de organizador eu já tinha, imediatamente, percebido em seu modo de se dirigir a mim.

Em seguida, tendo entrado na ENS, eu assisti a seu seminário que era sobre Fichte[6]. Estamos em 1957. Ele tentava nos "passar" Fichte como ele tinha passado Hegel. Mas ele percebeu que isso não funcionava tão bem. Ele me disse, várias vezes, incluindo-me em um coletivo objetivado: "Eles gostam menos de Fichte que de Hegel". Ele fazia longas diagonais um pouco extravagantes. Eu me lembro de um seminário totalmente consagrado a considerações sobre as cosmologias contemporâneas e Hyppolite, com sua interminável piteira – sempre se via a fumaça subir para cima de sua cabeça, quaisquer que fossem as circunstâncias –, tinha usado um saber e uma virtuosidade extraordinários explicando como o ciclo do hidrogênio e do hélio queimava. Neste discurso inspirado, na fumaça azulada que subia, na grande tradição das filosofias alemãs da natureza, via-se literalmente o cosmos inteiro começar a queimar. Apesar de tudo isso, nós não gostávamos de Fichte. Ele o abandonaria rapidamente, constatando o fracasso de sua tentativa. Eu usaria aqui a palavra *indutor*, ele era alguém que tinha uma relação de indução das categorias filosóficas e dos autores *no tempo presente*. Ele tentava extrair do tempo

---

6. Johann Gottlieb Fichte, filósofo alemão (1762-1814). (N. T.)

presente a possibilidade de uma filosofia ou de um filósofo e legitimava os juízos, aceitava as conclusões da experiência. Era fundamentalmente um homem do presente, inclusive, e sobretudo, quando ele manejava a história da filosofia como um exercício de indução ao passado do presente.

Um famoso episódio foi a visita de Sartre à ENS. Certo número de versões diferentes circula, e devemos deixá-las circular, porque é desse jeito que se constitui, como Lévi Strauss nos ensinou, uma mitologia. Mas eu tenho o direito de opinar: fui um dos três organizadores dessa visita com Pierre Verstraeten e Emmanuel Terray. Fomos nós que tínhamos ido discutir com Sartre o tema sobre o qual ele falaria. Hyppolite nos encorajou fortemente. Ele se reconhecia em uma operação que consistia em trazer diante dos alunos de uma instituição dominante um personagem típico do exterior, que, é verdade, tinha como todo mundo passado pela École Normale Supérieure, mas não tinha tido, absolutamente, nenhum destino acadêmico. Sartre foi professor do ensino médio e, depois, filósofo *freelance*. Hyppolite assumia naquele momento plenamente o seu lado mediador.

Sartre estava acabando sua gigantesca *Crítica da razão dialética*. É preciso se lembrar de que ele tinha a intenção de construí-la como uma sinfonia em dois movimentos. Em primeiro lugar, um movimento regressivo, uma "teoria dos conjuntos práticos", movimento fundador e abstrato. Em seguida, um movimento progressivo, o da "totalização sem totalizador", que deveria restituir a racionalidade integral da História. Foi, evidentemente, muito preocupado com esse segundo movimento que ele nos disse, com sua voz estranha, ao mesmo tempo nasal e cavernosa: "Eu poderia lhes falar do Egito", o que nos deixou profundamente desconcertados. Nós acabamos trazendo-o para os conjuntos práticos. Sartre, então, veio a esse mesmo salão dos Atos, onde nós ainda trabalhamos hoje, e aconteceu essa cena realmente extraordinária de reencontro com Merleau-Ponty[7]. Sartre ficou como que eletrocutado com essa aparição quase espectral: fazia quase dez anos que eles não tinham mais se visto. Depois da conferência, Hyppolite, sempre bem à vontade em sua situação de mediador, levou a todos para um bar: Sartre e Merleau-Ponty, Canguilhem, Verstraeten, Terray e este seu servidor. Foi um momento de convivialidade de botequim como poucas vezes deve ter acontecido.

Uma outra historinha. Foi para Hyppolite que eu entreguei meu primeiro grande manuscrito, o de *Almagestes* [Almagestos], lançado em 1964, mas finalizado desde 1959. Ele tinha me perguntado o que eu andava fazendo, eu respondi que estava escrevendo um romance, e ele me disse: entregue-o para mim. Então, eu o entreguei para ele. É preciso saber que ele dava uma importância muito grande à literatura em seu contato com o exterior. Era um conhecedor profundo de romances contemporâneos e antigos, amador de poesia que podia citar longas passagens de Valéry[8], havia ministrado, bem cedo, conferências sobre Claudel[9]... De maneira geral ele elogiou meu manuscrito, mas acrescentou: "Senhor Badiou, o senhor faz com que um de seus personagens diga algo que eu realmente acredito ter dito, eu mesmo". Tratava-se, durante uma discussão entre estudantes, de uma tirada sobre a apropriação dos templos gregos a seus locais. Mas não é que ele tinha razão? Eu não tinha me dado conta na hora de que tinha copiado essa tirada. Em uma conversa anterior, voltando da Grécia, ele tinha me dito: "Eu entendi o templo"; ele tinha desenvolvido, sobre esse tema, uma ideia dialética muito brilhante, e eu tinha enfiado isso na boca de meu personagem. Dá para se ter uma ideia da extraordinária atenção com a qual – nesse caso um pouco narcisista – ele tinha lido meu livro? Porque essas poucas linhas sobre o templo grego

---

7. Maurice Merleau-Ponty, filósofo francês (1908-61). (N. T.)

8. Ambroise Paul Toussaint Jules Valéry, escritor, poeta e filósofo francês (1871-1945). (N. T.)

9. Paul Louis Charles Claudel, dramaturgo, poeta, ensaísta e diplomata francês, irmão de Camille Claudel (1868-1955). (N. T.)

eram apenas um detalhe perdido em uma enorme massa manuscrita. Ele tinha percebido esse detalhe de início e fazia valer, amigavelmente, seu direito de propriedade.

Era um *leitor* espantoso. Entre as lendas que circulavam sobre ele, tinha a que dizia que ele nunca dormia mais de três horas, afirmavam alguns. Ele lia constantemente, ele pensava, ele rabiscava... Bem frequentemente, quando dava uma conferência, ele começava dizendo que tinha pensado durante toda a noite. Ele tirava uma pilha de anotações que fazia imaginar que a conferência duraria horas e horas e, em seguida, não tocava em nada, e fazia outra coisa.

Um dos encantos dessas improvisações que saíam da noite era que ele se inspirava em Hegel quase sempre, mas não, de nenhuma maneira, na história da filosofia; ele se inspirava em Hegel como em um reservatório constantemente ligado às situações imediatas.

Um exemplo. Sua grande amiga, também minha, a inspetora Dinah Dreyfus, tinha montado uma expedição para Haia, em uma universidade, para projetar filmes que tinham sido imaginados e dirigidos por ela, filmes nos quais, bem novo, eu conversava com os filósofos importantes do momento, entre eles, logicamente, Hyppolite. Hyppolite e eu pegamos um trem bem problemático, trazendo conosco rolos de filmes. Ele estava muito cansado, ao ponto de quase perdermos o trem, e estava completamente sem fôlego porque tivemos de correr atrás de nosso vagão desconfortável. Ele deu uma conferência magnífica sobre Bergson, completamente improvisada, uma conferência bem errante, que só chegou a Bergson depois de um longo caminho, um pouco como quando se dá a resposta do enigma no final de um romance policial. Em seguida, depois de uma breve apresentação feita por mim, passamos os filmes. Tudo isso aconteceu em francês, e os estudantes batavos não entendiam absolutamente nada. Era a época do imperialismo francês, é verdade que bem gasto, mas ainda impávido. Depois disso, nós fomos a um museu de artes primitivas. Vi, então,

Hyppolite, o grande *improvisador*, mergulhar em uma meditação, especulativa e silenciosa, sobre estátuas da Oceania. No fim de sua meditação, ele fez uma teoria suntuosa sobre aquelas estátuas, era Hegel ao vivo, e ele terminou dizendo: "Elas estão lá como uma prova eterna de que um rosto pode ser tanto uma recusa como uma oferenda". Desde então, eu me pergunto se ele tinha pensado em Levinas[10]. Eu não perguntei para ele. Em todos os casos, ele fazia questão de que eu, seu único público, entendesse: veja o que os escultores da Oceania, em um momento preciso da História, vieram nos revelar hoje.

Acontece que sua relação com a História era uma relação com o presente. Eu discuti longamente com ele quando De Gaulle chegou ao poder em 1958. Para ele, era um golpe bonapartista; apoiado pelas forças armadas, homem providencial, garantia de segurança para o mundo dos negócios, apoio popular ilusório, retórica nacional etc. Ele tinha me dito: "É como Napoleão III, mas no sentido contrário. Napoleão III começou pelo império autoritário para ir em direção ao liberal, e De Gaulle vai começar pelo liberal e ir em direção ao autoritário". Pela primeira vez, ele se enganava. De Gaulle foi, como Napoleão III, engolido pelo liberalismo, por Giscard[11]. Hyppolite se referia aos módulos históricos que eram como Ideias. Ele praticava um comparatismo histórico bem sistemático, como se a História tivesse sido um reservatório de figuras. Da mesma maneira ele era um improvisador, eu acho que ele era como uma espécie de platônico da História. Tratava-se de produzir, a partir da História, mais Ideias-figuras do que sequências, desenvolvimentos ou futuros.Como todo filósofo francês, ele gostava da política e, sobretudo, de falar sobre isso com amigos ou inimigos. No que dizia respeito à guerra da Argélia, eu

---

10. Emmanuel Levinas, filósofo francês de origem lituana (1906-95). (N. T.)

11. Valéry Giscard d'Estaing, político francês, vigésimo presidente da França, nasceu em 2 de fevereiro de 1926. (N. T.)

gostaria de destacar o *administrador*, em um sentido profundo, que não é o da gestão simples. Ele era completamente contra a guerra. Atenção! Não era de maneira nenhuma um revolucionário, era um progressista parlamentar. A figura de Mendès-France[12] era mais ou menos sua referência. Entretanto, de acordo com suas referências políticas, ele desejava que a École Normale tivesse um papel no processo de opinião. Ele achava que intervir, como instituição, no processo que deveria conduzir algum dia à negociação ou à paz era uma das vocações possíveis dessa escola. Ele tinha, então, uma concepção intervencionista da instituição. Eu admiro esse hegelianismo superior, a ideia de que o destino da instituição não seja sua imobilidade, mas sua capacidade de concentração da própria ideia histórica. Eu acabei sendo comprometido em suas consequências em duas circunstâncias capitais.

Em primeiro lugar, Hyppolite me convenceu de que, para reforçar a posição simbólica da ENS, era necessário acabar com a divisão arcaica entre a École Normale da rua d'Ulm e a École Normale de Saint-Cloud. Por que "arcaica"? Porque estava bem claro, naquela época, que a da rua d'Ulm servia para a elite superior e que a de Saint-Cloud servia para a elite mais ou menos popular. Hyppolite não queria essa subordinação da instituição à realidade objetiva das classes sociais. Ele queria reconciliar as elites intelectuais em uma instituição comum, de onde quer que elas viessem. Então, ele me encarregou de organizar a propaganda para a fusão das duas escolas. Essa propaganda não durou muito tempo: o poderoso *lobby* dos antigos alunos engrossou a voz, grandes cartazes dizendo que era o fim da École Normale, e até mesmo o fim da República, apareceram. Hyppolite e eu nos demos miseravelmente mal. O diretor da ENS, Gabriel Ruget, com o objetivo bem mais modesto de fusão da ENS da

---

12. Pierre Isaac Isidore Mendès France, político francês (1907-82). (N. T.)

rua d'Ulm e da ENS de Cachan, mais de quarenta anos depois de nossa infeliz tentativa, também se deu totalmente mal. Só para se ter uma ideia.

Sobre a guerra da Argélia, Hyppolite quis que nós tomássemos uma iniciativa unitária que consistia em lançar um apelo vindo da própria ENS, apelo que uniria pessoas de opiniões políticas totalmente diferentes, para constituir um fórum em vista da negociação na Argélia. Eu fui, mais uma vez, o homem de ação de meu diretor, eu tenho um dossiê enorme sobre isso, contendo belas declarações, geralmente prudentes, de todos os tipos de pessoas. O processo encalhou. Mas tudo isso é testemunho, tratando-se de Hyppolite, de seu papel de administrador, tal qual ele o concebia.

Será que isso significa que ele buscava a conciliação por todos os meios? Descobri que ele também era um personagem violento. Quando eu fiz o pedido, que vinha dos alunos candidatos ao concurso de *agrégation*[13], para convidar Deleuze – que tinha dado na Sorbonne uma aula magnífica sobre *A nova Heloísa*[14] – para dar uma aula sobre Proust, Hyppolite respondeu: "De maneira nenhuma, eu não gosto desse homem". Ele disse isso com uma virulência glacial que nos deixou boquiabertos. O que é que tinha acontecido com aquele homem, tão equânime, tão conciliador, para que ele chegasse ao ponto de incluir Deleuze em uma exceção radical, de marcá-lo com o que parece muito com uma maldição? Eu não tenho nenhuma hipótese sobre isso. Em outras ocasiões, eu pude ver que Hyppolite estava pronto para decidir quando a questão para ele estava perfeitamente clara e constituída. Logo, também existia nele um *juiz*, incluindo tudo o que essa função guarda de mistério.

Para terminar, uma inflexão mais melancólica. Eu o vi durante os acontecimentos de maio de 1968. Ele estava ao mesmo tempo impressio-

---

13. O concurso de *agrégation* permite o acesso ao cargo de professor de ensino médio e universitário (N. T.)

14. Romance da autoria de Jean-Jacques Rousseau. (N. E.)

nado, inquieto e contente em participar da história viva. Era seu amor hegeliano pelo contemporâneo. Ele lutava pela reabertura da Sorbonne, fechada e invadida pela polícia. Ele não intervinha, de maneira nenhuma, como um aliado de minha espécie no auroral levante esquerdista, mas na convicção de que era preciso deixar que as coisas acontecessem. Se o Espírito do mundo atua sob a forma do enfrentamento com os policiais da CRS[15], ele não deve ser constrangido. Ele comentava isso com seu brio normal, mas, ao mesmo tempo, eu achava que ele não estava bem. Eu achava que ele estava cansado, preocupado. Em um momento ele me disse: "Senhor Badiou, o senhor às vezes pensa na morte?". Foi estranho porque sua pergunta não tinha relação com o comentário sobre os acontecimentos de maio de 1968. Eu disse que não. E ele me disse: "O senhor tem razão". Passávamos de Hegel a Spinoza. Quando eu soube que ele tinha falecido, alguns meses mais tarde, eu disse a mim mesmo que ele era um homem habitado por uma espécie de melancolia latente, que podia ser sentida periodicamente, e que construía seu amor pelo presente e sua força de pensamento com uma espécie de energia singular, que não era fácil de ser mantida, daí, sem dúvida, o fato de ser um grande fumante inveterado e ter lendárias insônias.

No fundo, é um homem, um filósofo, que deve ter pagado um preço alto para manter sob controle a armadilha depressiva e nos legar tantos tesouros. Algo não lhe permitia construir aquilo que ele era capaz na ordem do conceito. É verdade que o papel público, infinitamente benéfico, que ele aceitou ter o impediu de fazê-lo. Mas também algo mais secreto e mais misterioso, que esclarece sua relação intensa com a psicanálise. Durante o seminário de Lacan, ele falou com virtuosismo e com um engajamento bem particular do grande texto de Freud sobre a negação. É porque ele

---

15. A Compagnie Républicaine de Sécurité (CRS) é uma unidade da polícia nacional francesa especializada nas manifestações e na proteção civil. (N. T.)

tinha em si uma negatividade subterrânea, um "não" primordial mal resolvido e constantemente em progresso.

Nós sabemos que Hyppolite foi um personagem importante, mas sabemos também que não é em termos de obra que sua importância pode ser medida. Eu acho que ele sabia disso, e por isso me perguntou se eu pensava na morte. Em todos os casos, ainda não vamos parar de pensar na morte dele.

# Louis Althusser
# (1918-90)

Para Louis Althusser, as questões do pensamento diziam respeito ao combate, à linha de frente, às relações de força. O enclausurado da ENS da rua d'Ulm não se permitia ter tempo para a meditação, nem para o recuo. Ele só tinha tempo para a intervenção, circunscrito, agitado, como lançado em uma direção inelutável. O outro tempo, infinito, era infelizmente o da dor.

Levado ao imperativo de uma ação para a qual o tempo estava contado, o próprio pensamento de Althusser se representava nas categorias militares de avanço e de recuo, do ganho territorial, do engajamento decisivo, da estratégia e da tática.

É preciso, então, em primeiro lugar perguntar: qual é, para Louis Althusser, a posição da filosofia no aparato geral das intervenções teóricas, nos movimentos estratégicos do pensamento?

Esse lugar é considerável. A prova mais clara disso é sem dúvida que, para Althusser, os grandes fracassos históricos proletários não encontram sua origem na relação bruta das forças, mas nos desvios teóricos. Temos aqui, é preciso dizer, uma forte indicação, cujo alcance é duplo. Em primeiro lugar, um fracasso político não é causado pela força do adversário, mas sempre pelas fraquezas de nosso próprio projeto. Regra de imanência à qual não se tem nada a dizer. Em seguida, essa fraqueza sempre é, em última análise, uma fraqueza do pensamento. Ou seja, a política é determinada como figura da intelectualidade, e não como lógica objetiva das potências. Regra de independência subjetiva que nós não temos outra opção além de aceitar.

Mas é preciso acrescentar que os desvios teóricos da política são em última análise, para Althusser, desvios filosóficos. Quando ele dá uma lista das categorias segundo a qual esses desvios – economismo, evolucionismo, voluntarismo, humanismo, empirismo, dogmatismo etc. – são pensamentos, ele acrescenta que, "no fundo deles, esses desvios são *filosóficos* e foram denunciados como filosóficos pelos grandes dirigentes operários, sendo Engels e Lênin os primeiros".

Assim a filosofia seria, para Althusser, o lugar de pensamento onde se decidem, senão os sucessos e fracassos da política revolucionária, pelo menos a capacidade de nomear esses fracassos ou esses sucessos. A filosofia é a instância de nomeação imanente dos avatares da política.

Da mesma maneira, a estratégia de Althusser sempre foi a de determinar *in loco* o ato filosófico através do qual delinear um espaço dos nomes para a crise contemporânea ou pós-stalinista da política revolucionária. É o que, desde os anos 1960, ele se propõe a fazer, determinando as categorias do que ele chama então de "filosofia de Marx". O prefácio de "Ler *O capital*" tem, precisamente, como título, uma intenção, uma orientação, cuja filosofia é o ponto ideal. "Do *Capital* à filosofia de Marx", tal é o título.

Mas acontece que essa orientação estratégica vai encontrar e tratar alguns obstáculos consideráveis, obstáculos que gravitam em torno do próprio conceito de filosofia. Desde 1966, observa-se uma inflexão marcada em seu centro por uma autocrítica a princípio latente e, em seguida, explícita. Althusser, que supõe no começo que a autonomia da filosofia é, de certa maneira, garantida, vai colocar a filosofia sob condições cada vez mais rigorosas, tanto que esse lugar de nomeações vai se encontrar, finalmente, prescrito por aquilo mesmo que ele tinha vocação para nomear. O resultado disso, nós iremos ver, é um enigma central, que a obra de Althusser nos lega, e que é o caráter praticamente indecidível das relações entre a filosofia e a política.

Em 1965, Althusser se propõe, é sua expressão, a "ler *O capital* enquanto filósofo". Essa leitura é oposta a outras duas, a do economista e a do historiador. Percebemos que não se trata aqui de uma leitura política de *O capital*. Em que consiste essa leitura filosófica? Trata-se, segundo ele, de "questionar o objeto específico de um discurso específico e a relação específica desse discurso com seu objeto". As categorias aqui utilizadas, discursos, objeto, são, em suma, bem próximas das de Foucault, homenageado, diga-se de passagem, por Althusser, nesse mesmo texto. A investigação filosófica é de caráter epistemológico. Pela mediação das categorias do discurso e do objeto, ela se propõe a estabelecer que *O capital* seja o que ele chamará de "começo absoluto da história de uma ciência".

Durante seu percurso, entretanto, o objetivo vai se ampliar. A filosofia, ou mais precisamente a filosofia de Marx, ou pós-Marx, parece pronta para propor, na grande tradição clássica, uma doutrina do pensamento. Em substância, trata-se de substituir "a questão ideológica das garantias da possibilidade do conhecimento pela questão do mecanismo de apropriação cognitiva do objeto real através do objeto de conhecimento".

Já que chegamos a esse ponto, duas observações:

– A filosofia ainda permanece para Althusser no regime de uma teoria do conhecimento. Trata-se de pensar o efeito de conhecimento como tal.

– O que opõe a filosofia de Marx à filosofia adquirida, que se dirá que é dominada pelas questões ideológicas, é que ela não pensa nas garantias da verdade, mas nos mecanismos de produção de conhecimento. Em uma tensão que, de início, evoca Spinoza, a ruptura filosófica proposta aqui faz passar de uma problemática da possibilidade do conhecimento a uma problemática de seu processo real. A filosofia existe sob o olhar de um real singular, o do conhecimento. O fato é que o saber existe, e tal é o "existe" sem origem em que se decide a filosofia, no próprio sentido em que Spinoza constata que temos uma ideia verdadeira. O que significa, rigorosamente, que se não tivéssemos isso, a ideia verdadeira, não poderíamos encontrar uma, nem entrar em filosofia.

A partir disso, é claro que a filosofia assim concebida se encontra em uma unidade de plano com a ciência. Ela é virtualmente ciência do efeito de conhecimento ou, como dirá Althusser, teoria da prática teórica.

Mas, o que é uma prática?

O quadro descritivo que Althusser propõe para a existência histórica se baseia, de maneira geral, no múltiplo, o que é uma forte intuição. Esse múltiplo, irredutível, é o das práticas. Vamos dizer que "prática" seja o nome da multiplicidade histórica. Ou o nome daquilo que eu chamo de uma situação, a partir do momento em que ela é pensada na ordem de seu desdobramento múltiplo. Reconhecer a primazia da prática é, precisamente, admitir que "todos os níveis da existência social são lugares de práticas distintas". Não existe apreensão da existência social que possa ser feita sob o signo da essência, ou do Uno. Devo a Althusser, e também à política chinesa, o gosto pelas listas, segundo as quais se atesta que nós nos mantemos firmemente no múltiplo e no heterogêneo. A lista das práticas, como ele propõe em 1965, é instrutiva: prática econômica, prática política, prática ideológica, prática técnica e, finalmente, diz Althusser, prática científica, adicionando entre parênteses, como se fosse apenas outro nome, uma sinonímia esclarecedora: (ou teórica).

Científica (ou teórica): esses parênteses inocentes, que alinham "teórico" acima de científico, essa pequena pontuação passageira que apenas separa para unir, detêm todas as dificuldades ulteriores. Porque o que esses parênteses recebem no teórico, ao lado das ciências, senão a própria filosofia? Que a filosofia exija parênteses, ou que sempre esteja de maneira enviesada entre parênteses, é realmente a questão. Todo o esforço de Althusser será o de pontuar novamente a filosofia, tirá-la dos parênteses, sem que o vazio, que a partir de então se inscreve entre os parênteses, possa ser completamente apagado. Um pouco mais tarde, ele indicará expressamente o múltiplo do qual a palavra teoria, a palavra dos parênteses, recapitula a doação. Vou citar essa nova lista:

> A própria prática científica ou teórica é divisível em várias partes (as diferentes ciências, a matemática, a filosofia).

Logo, três partes principais. Podemos perceber que a matemática é distinta das ciências propriamente ditas e, por essa razão, situada no intervalo teórico entre ciências e filosofia. Althusser não teme, diga-se de passagem, mencionar a matemática e a filosofia como oriundas do que ele chama de "teoria em suas formas mais 'puras'". Observemos as aspas que modificam a pureza.

Essa proximidade da matemática e da filosofia é paradoxal visto que, mais tarde, Althusser estigmatizará o formalismo como um típico desvio moderno em filosofia. Ele frequentemente criticou o que chama de meu "pitagorismo", ou seja, a inclusão, em sua opinião excessiva demais, da matemática em meu discurso filosófico. Como frequentemente acontece com as injunções do Mestre quando o discípulo é teimoso, desde então eu apenas agravo meu caso. Vamos dizer que em 1965 essa proximidade faz uma metáfora do fato de a filosofia, no abrigo dos parênteses, ser para ele um lugar de pensamento homogêneo às ciências, se bem que sob uma forma na qual o objeto real também se encontra ausente, assim como na matemática pura.

Toda essa construção será, já sabemos, autocriticada por Althusser como representativa de um desvio "teoricista". Será que podemos dizer que nada subsistiu depois que ele enunciou em 1965 o que constitui o caráter da filosofia? Em minha opinião, seria preciso muito mais. Na verdade, o germe de todos os desenvolvimentos ulteriores, o que se encontra na diagonal da autocrítica, se encontra literalmente no prefácio de 1965. Porque desde o começo, Althusser, sintetizando enunciados já presentes em *Pour Marx* [A favor de Marx], lembra que o gesto fundador de Marx engloba em uma única ruptura duas criações, e não apenas uma. Marx criou uma nova ciência, a ciência da História, e uma nova filosofia, o materialismo dialético. Mas quais são os laços imediatos entre essas duas dimensões de pensamentos da ruptura marxista? Althusser os indica assim:

> Marx só pôde se tornar Marx fundando uma teoria da história e uma filosofia da distinção histórica entre a ideologia e a ciência.

Aqui está o germe. Porque, em vez de ser apenas uma teoria positiva da prática teórica, a filosofia aparece como o ato de uma distinção, de uma separação, de uma delimitação. O ato filosófico de Marx se encontra inteiramente nas categorias através das quais se torna possível discernir a ciência da ideologia. A filosofia já é aquilo sobre o que Althusser vai voltar sem descanso, usando uma expressão de Lênin: a capacidade de traçar linhas de demarcação no teórico. Mais um secionamento do que uma seção do teórico. Mais uma intervenção que uma disciplina teórica.

Mas para que esse germe se desenvolva, para conseguir situar a filosofia de outra maneira além nas listas do teórico, nos parênteses do teórico, Althusser deverá se entregar a operações muito complexas, que afetam a própria ideia de filosofia e, ainda mais, sua suposta autonomia.

Resumindo, seu programa vai ser, a partir de então, extirpar a filosofia dos parênteses do teórico, o que também quer dizer: parar para sempre de conceber a filosofia como uma teoria do conhecimento e, ao mesmo tempo, parar de concebê-la como uma história do conhecimento. Nem teoria, nem história das ciências, a filosofia é, no final das contas, prática e, entretanto, anistórica. Esse estranho amálgama de uma vocação prática e de uma eternidade tendencial sem dúvida nunca se estabilizará, mas nos indica pelo menos isso: todo o futuro do pensamento de Althusser sobre esse ponto é o de uma desepistemologização da filosofia. Por meio disso, em vez de continuá-la, como tantas declarações e comentários, incluindo seus próprios, permitem pensar, ele começa a demolir a tradição epistemológica e histórica em que se enraíza o academicismo francês.

As operações táticas de Althusser que dizem respeito ao conceito de filosofia são, a princípio, operações de esvaziamento, de supressão, de negação. Na versão qualificada por ele de "teoricista", a filosofia é classicamente definida por seu domínio de objetos, ou seja, as práticas teóricas das quais ela estuda o mecanismo. Se a filosofia não é a teoria das práticas teóricas, a partir de que novo objeto será possível identificá-la? Aqui a resposta de Althusser é radical. Porque a resposta é: nenhum. A filosofia não tem objeto real. Ela não tem pensamento de um objeto.

A consequência imediata desse ponto de vista é que a filosofia não tem história, porque toda história é normatizada pela objetividade de seu processo. Sem relação com qualquer objeto real que seja, a filosofia é tal que, propriamente falando, nada se passa.

Essa convocação do nada, ou do vazio, é, a meus olhos, essencial. As categorias da filosofia são, na verdade, originalmente vazias, porque elas não designam nenhum real do qual elas organizariam o pensamento. E esse vazio não é o mesmo vazio do ser, tal como a matemática instrui o infinito desdobramento. Porque esse vazio é sua única contrapartida positiva, é o vazio de um ato, de uma operação. As categorias da filosofia são vazias porque todo o seu trabalho é o de operar a partir e em direção de práticas já existentes que tratam de uma matéria real e historicamente situável. É dizer que a filosofia não é a apropriação cognitiva de objetos singulares, mas, acima de tudo, um *ato* do pensamento, cujas categorias dispõem o distanciamento de operação, o intervalo de percepção ou de efetuação.

Seja da ordem do ato, seja da intervenção, a filosofia é decifrada em sua própria forma. A filosofia procede, na verdade, por teses. Ela diz respeito à afirmação, e não ao comentário ou à apropriação cognitiva. No curso de 1967, retomado em 1974, *Philosophie et philosophie spontanée des savants* [Filosofia e filosofia espontânea dos sábios], Althusser enuncia inauguralmente que "as propostas filosóficas são as teses". Essas teses, ele não teme adicionar, são teses dogmáticas, sempre agenciadas em sistemas. Essa tripla dimensão da tese, de dogmatismo e de sistema exprime uma ideia profunda, que é a de que toda filosofia é uma *declaração*. Declarar uma delimitação no vazio categorial do objeto, tal é o ofício *prático* da filosofia. Althusser se serve da forma declaratória, nós veremos isso, para inscrever o ato filosófico sob relações que ele chamará de políticas. Em todos os casos, é verdade que "declaração" é, ou deve ser, uma palavra da política.

No dispositivo de Althusser, a forma afirmativa da filosofia, a tese da tese, tem como maior virtude se opor a qualquer ideia da filosofia como questão ou questionamento. Ele se distingue, assim, do próprio interior da filosofia, de qualquer concepção hermenêutica. É uma herança extremamente preciosa. A ideia da filosofia como questionamento e abertura sempre prepara, nós sabemos isso, o retorno do religioso. Vamos chamar aqui de "religião" o axioma segundo o qual uma verdade sempre é prisioneira dos arcanos do sentido e diz respeito à interpretação, à exegese. Existe uma brutalidade de Althusser sobre o conceito de filosofia que, nesse ponto, evoca Nietzsche. A filosofia é afirmativa e combatente, ela não é cativa das delícias um pouco viscosas da interpretação diferida. Althusser manteve na filosofia, enquanto outros, como Lacan, o mantinham na antifilosofia, o pressuposto radical do ateísmo, que cabe em uma única frase: as verdades não têm nenhum sentido. Daí que a filosofia não é uma interpretação, mas um ato...

A esse ato em forma de declaração Althusser chama de traçado de uma linha de demarcação. A filosofia separa, desarticula, delimita. E ela faz isso em um âmbito imutável que é o de suas tendências constitutivas, o materialismo e o idealismo. A filosofia não tem história, por um lado porque ela é apenas o vazio para seu ato, e não existe história do vazio, ou do nada, e porque seu ato de delimitação, o traçado de uma demarcação, apenas repete *in situ* as opções eternas que dizem respeito à relação do espírito com a matéria. Primazia da objetividade material para o materialismo, primazia da ideia e do sujeito para o idealismo.

> A filosofia, escreve Althusser em 1967, é esse estranho lugar teórico onde nada acontece propriamente, nada além dessa repetição do nada.

E ele acrescenta:

> A intervenção de cada filosofia [...] é, realmente, o nada filosófico cuja insistência nós constatamos, visto que, efetivamente, uma linha de demarcação não é nada, não é nem mesmo uma linha, nem mesmo um traçado, mas o simples fato de se demarcar, logo *o vazio de uma distância tomada*.

Entretanto, sob qual olhar e em qual historicidade exterior a filosofia traça sua linha, pelo ato que a constitui no vazio de qualquer objeto? Porque o fato de a filosofia não ter nem objeto ou história não quer dizer, de maneira nenhuma, que ela não tenha efeito. Não existe, dirá Althusser, uma história *da* filosofia, mas uma história *na* filosofia. Existe "uma história do deslocamento da repetição indefinida de um traço nulo, cujos efeitos são reais". Mas onde se encontra o real desse efeito real?

Esse real convoca de novo centralmente a ciência. É verdade que não é mais possível que a filosofia seja ciência das ciências, ou que a ciência seja seu objeto. Althusser enunciará uma tese resolutamente antipositivista:

> A filosofia não é uma ciência. As categorias da filosofia são distintas dos conceitos científicos.

O que é lógico, a partir do momento em que essas categorias são vazias. Mas ao mesmo tempo existe "um laço privilegiado entre a filosofia e as ciências". Esse laço privilegiado é o que Althusser chama de "ponto nodal número 1". Qual é a natureza desse privilégio?

Em primeiro lugar, temos que a *existência* das ciências é uma condição da existência da filosofia. A tese 24 do curso sobre a filosofia espontânea dos sábios declara que "a relação da filosofia com as ciências constitui a determinação *específica* da filosofia". E Althusser enuncia, abruptamente, que "no exterior de sua relação com as ciências, a filosofia não existiria". Passamos, então, na relação da filosofia com as ciências, de uma posição de objeto, a de 1965, a uma posição de condição. É, a meu ver, um deslocamento crucial. Como Althusser, eu acho que a relação ideal entre a existência da filosofia e a das ciências não é uma relação de objeto, ou de fundamento, ou de exame crítico, mas uma relação de condição.

Mas como é que a filosofia consegue retornar à sua condição científica fora do modo de uma apreensão epistemológica? Qual é a posição da ciência no traçado de uma demarcação? Nós nos encontramos agora em cima de um fio de navalha perigoso. Porque se a demarcação continuar a ser, no estilo anterior, a que opõe a ciência e a ideologia, isso quer dizer que ciência e ideologia *retomam sua posição de objeto para a filosofia*. O vazio das categorias da filosofia proíbe dizer que o ato filosófico pressuponha um "conhecimento" pela filosofia da essência da ciência. Ou ainda: se a filosofia não tem objeto, se, em particular, a ciência não é seu objeto, a linha de demarcação, onde se encontram o ato e o efeito da filosofia, não pode ser a que separa diretamente a ciência da ideologia. Como consequência, é totalmente falso que o famoso "corte epistemológico" que separa a ciência de sua pré-história ideológica seja compreendido de tal maneira no ato da filosofia. Quais podem, então, ser a estrutura desse ato e sua importância?

A essa questão decisiva, Althusser dá na realidade duas respostas, cujo único problema é o de saber se é possível juntá-las.

Uma primeira elaboração da dificuldade consiste em radicalizar o desligamento entre a filosofia e qualquer objeto real. Trata-se de se estabelecer que a filosofia, finalmente, se relaciona apenas com ela mesma, que seu efeito real é inteiramente produzido no espaço do pensamento que seu vazio categorial institui. A linha de demarcação traçada pela filosofia não separa mais, a partir de então, as ciências e as ideologias, mas aquilo que Althusser chama de *o* científico e o ideológico. A tese 20 do curso sobre a filosofia espontânea dos sábios enuncia isso:

> A filosofia tem por função maior traçar uma linha de demarcação entre o ideológico das ideologias, por um lado, e o científico das ciências, por outro lado.

Mas essa tese só pode ser compreendida, na verdade, na retroação da tese 23, que diz isso:

> A distinção entre o científico e o ideológico é interior à filosofia. Ela é o resultado da intervenção filosófica. A filosofia é uma com seu resultado, que constitui o efeito-filosofia. O efeito-filosofia é diferente do efeito de conhecimento produzido pelas ciências.

Trata-se de uma tese de imanência completamente radical. A filosofia não inscreve em si mesma nenhuma relação com o real historicizado das ciências e das ideologias práticas. Seu ato é a invenção de um traçado que delimita o científico do ideológico em seu próprio interior, e não em seu próprio exterior.

O tema da invenção é, em minha opinião, o resultado inelutável do esvaziamento do objeto. Apesar da filosofia, é verdade, instalada sob a condição das ciências não poder, no entanto, tratar o real delas, ela pode apenas suportar esse condicionamento por meio da invenção de uma nominação específica e imanente do que a condiciona. A filosofia não pensa a ciência, mas inventa e declara os nomes para a cientificidade. Seu traçado, a partir de então, tem apenas resultado em si mesma, por meio do qual ela se modifica. Acontece, somente, que essa modificação imanente, porque ela se encontra no campo geral das práticas, tem efeitos exteriores.

A modificação imanente e o resultado interior operam pela proximidade e causalidade sobre práticas não filosóficas, inclusive a ciência. Ou, como diz Althusser:

> A filosofia intervém na realidade apenas produzindo efeitos em si mesma. Ela age *fora dela* pelo resultado que ela produz *nela mesma*.

Esse tema duplo da imanência e da invenção, que interioriza o ato filosófico de demarcação, é coerente. Mas o preço a pagar é claro: os efeitos da filosofia fora dela mesma, seus efeitos na realidade, permanecem inteiramente opacos para a própria filosofia. É impossível que a filosofia meça ou até mesmo pense, simplesmente, seus efeitos sobre a ciência ou sobre as ideologias, visto que a medida ou o pensamento desses efeitos suporiam que ciência e ideologia fossem categorizadas como tais na filosofia. Acontece que a regra de imanência torna isso impossível. A filosofia, que inventa as categorias do científico e do ideológico, não tem condições de pensar o que tal delimitação produziria como efeito real sobre as ciências ou sobre as ideologias. A filosofia é, então, determinada ou condicionada pelas práticas reais naquilo que seu efeito sobre essas práticas é, para ela, apenas uma suposição vazia. O impossível de ser pensado que é próprio da filosofia, que é, então, seu real, se sustenta no efeito que ela produz sob essas condições. E é nesse sentido realmente profundo que as ciências são as condições da filosofia. Não segundo um laço causal, que Althusser invoca às vezes um pouco imprudentemente, como quando ele escreve que a "própria filosofia se encontra em sua essência, produzida no domínio teórico pela conjunção dos efeitos da luta de classes e os efeitos da prática científica". Mas no sentido de que o ponto cego da filosofia se constitui dos efeitos que são os seus na ciência e, mais geralmente, na realidade.

Entretanto, essa cegueira constitutiva, esse ponto de impossível, constitui, para Althusser, um obstáculo em um outro plano, ao qual ele dá uma importância estratégica decisiva. Esse plano é o da singularidade da filosofia marxista, ou marxista-leninista. Ou ainda da ruptura introduzida na filosofia por Marx, Lênin e Mao. Não se tem nenhuma dúvida de que ele vê essa ruptura no fato de a filosofia de Marx e de seus sucessores, mesmo ela sendo pouco elaborada, se distinguir radicalmente das filosofias anteriores ou das filosofias idealistas de nosso tempo, na medida em que ela interioriza o sistema de suas condições e de seus efeitos. Althusser retoma aqui o antigo ideal de transparência a si que uma doutrina estritamente imanente da filosofia parecia proibir. Em abril de 1968, anotem a data, ele escreve isso:

> A revolução marxista-leninista na filosofia consiste em recusar a concepção idealista da filosofia (a filosofia como "interpretação do mundo") que, quando ela continua a fazer isso, nega que a filosofia exprima uma posição de classe, e em adotar na filosofia a posição de classe proletária, que é materialista, portanto, em instaurar uma nova prática da filosofia, materialista e revolucionária, provocando os efeitos de divisão de classe na teoria.

A filosofia marxista-leninista é então, aqui, a única a não negar suas condições políticas de classe e a controlar os efeitos da divisão que ela instrui, não apenas nela mesma, mas também no campo teórico por inteiro. É indiscutivelmente uma filosofia que se encontra em uma relação diferente, esclarecida, ou clarificada, com suas condições e com seus efeitos. É uma filosofia curada da negação idealista e, consequentemente, subtraída do regime de cegueira que a doutrina imanente impõe. É, então, uma filosofia cujo ponto real, ou o ponto de impossível, é diferente.

Mas é também porque a linha de investigação de Althusser sobre o próprio conceito de filosofia é aqui totalmente diferente, como a referência maciça à luta de classes assinala. É por uma maneira completamente diferente que ele trata a ausência de objeto da filosofia e, como consequência, o estatuto do traçado da linha de demarcação entre o científico e o ideológico.

Fundamentalmente, o deslocamento significa que a filosofia se determina não apenas sob a condição científica, mas também sob a condição política. Não existe apenas o ponto nodal 1, a relação da filosofia com as ciências, mas também o ponto nodal 2, a relação da filosofia com a política. E Althusser acrescenta: "Tudo depende dessa relação dupla".

A tese é, então, a seguinte: a filosofia, que não tem nem objeto nem história, não é, na verdade, nem o pensamento das ciências, nem o pensamento da luta de classes ou da política, nem o pensamento de uma relação entre ambos. A filosofia *representa*, é a palavra de Althusser, tanto a ciência junto da política, quanto a política junto da ciência. Mas eis este texto muito denso e bem enigmático:

> A filosofia seria a política continuada, de certa maneira, em certo domínio, em relação a certa realidade. A filosofia representaria a política no domínio da teoria, para ser mais preciso: junto das ciências – e vice-versa. A filosofia representaria a cientificidade na política, junto das classes engajadas na luta de classes. [...] A filosofia existe em algum lugar como uma terceira instância, entre essas duas instâncias maiores que a constituem, ela mesma, como instância: a luta de classes e as ciências.

Como compreender esse texto? Em primeiro lugar, vê-se bem que o espaço da filosofia como pensamento se encontra, de certa maneira, aberto pela distância entre duas condições, as ciências e a política. Nós realmente saímos dos parênteses dos quais falei há pouco, os que subsumiam a filosofia e as ciências sob o teórico. O operador dessa efração do fechamento parentético da filosofia é a política, sob o nome de luta de classes. Isso aproxima a filosofia de uma operação de compossibilidade de suas condições, o que é minha própria definição. A filosofia vai circular, sem tomá-las como objeto, entre a prescrição política e o paradigma científico. O vazio, com suas categorias, é sustentado por um primeiro vazio, um primeiro intervalo, o que separa as práticas de verdade heterogêneas.

A partir de então, o efeito filosófico imanente, por exemplo, o traçado de uma demarcação entre o científico e o ideológico, se encontra sob a dependência de uma prescrição de classe que é dada como uma *posição*. O ato filosófico é uma declaração, mas essa declaração atesta ou representa uma posição. O importante é perceber bem que a posição não é como tal filosófica. Ela é posição de classe. Pode-se, então, ao mesmo tempo sustentar que o ato filosófico é imanente em seu resultado, o que impõe o vazio de qualquer objeto, e que, entretanto, ele é transitivo a outra coisa que ele mesmo, visto que ele sempre é localizável em termos de posição. Nós temos, graças à dualidade das condições, um efeito complexo, que é o de uma *imanência situada*.

Deve-se realmente dizer que a montagem de Althusser é, aqui, bem intricada.

Primeiramente, a regulação do que Althusser chama de "relação dupla" – da filosofia com as ciências e da filosofia com a política – não encontra, de fato, suas categorias e, sem dúvida seria necessário determinar aqui, é óbvio, o papel das circunstâncias e do inacabamento. É espantoso que Althusser tenha recorrido maciçamente, o que é raro em seu caso, a temas da dialética idealista, por um lado, como representação de uma parte e, por outro lado, como mediação, ou "terceiro termo". O que essas categorias designam é, em minha opinião, a relação de *torsão* entre a filosofia e suas condições de verdade, nesse caso, ao menos duas dentre elas, a política de emancipação e as ciências. Pensar essa relação só pode ser feito do interior da filosofia, visto que o ato filosófico só é, finalmente, essa *própria* torsão. A filosofia – e é isso que Althusser antecipa – enuncia, ou declara, que existem verdades, mas ela só pode fazer isso sob a condição de que elas existam. A torsão filosófica consiste em estabelecer, sob o nome de Verdade, ou qualquer outro nome equivalente, o espaço vazio em que algumas verdades são *percebidas* na forma declaratória de seu ser, e não na forma real de seu processo. O "existe" das verdades é duplo: o real de seu processo, que se torna condição para a filosofia, e a percepção filosófica, que declara seu ser. Essa duplicidade da verdade passa entre um plural, o *das* verdades, e um singular, *a* Verdade, que é uma categoria vazia propriamente filosófica, cujo ato total é de percepção e de declaração.

Althusser se encontra muito próximo dessa visão das coisas quando ele escreve, por exemplo:

> [A filosofia] intervém então, politicamente, sob uma forma teórica, nos dois domínios, o da prática política e o da prática científica; com esses dois domínios de intervenção sendo os seus, na medida em que ela mesma é produzida pela combinação de efeitos dessas duas práticas.

Pode-se ver aqui que é próprio da filosofia que o campo de sua intervenção seja aquilo mesmo que a condiciona. Daí a torsão.

Entretanto, Althusser complica o esquema com uma segunda torsão, imediatamente legível a partir do momento em que ele afirma que a filosofia intervém *politicamente*. A política, então, não é apenas para ele uma condição de verdade da filosofia, ela também fixa a natureza do ato filosófico. Em última instância, a intervenção filosófica, que era representação e mediação entre as ciências e a política, se torna, ela mesma, uma forma de política. A segunda torsão consiste no fato de existir, entre as condições da filosofia, uma – a política, a luta de classes – que qualifica também o que se poderia chamar de ser do ato filosófico.

Nós estamos, devemos nos lembrar, em torno de 1968 e de suas consequências. Que a filosofia tenha seu fundo político, isso é um tema da época. É ainda mais interessante seguir retrospectivamente sua pressão embaraçadora, sobretudo quando se tem com clareza em mente que a fusão da política e da filosofia – fusão que, como mostrou Sylvain Lazarus[1],

---

1. Antropólogo francês, professor na Universidade Paris VIII, nasceu em 1943. (N. T.)

pode apenas se articular com a dominação do Estado – é fundamentalmente uma ideia stalinista.

Althusser se encontra aqui no limite de uma mudança. Em 1965, devemos nos lembrar, a filosofia se encontra, em sua opinião, no mesmo plano da ciência. Em 1968, ela é um retrato da luta de classes; ela é, essa será sua fórmula, a luta de classes na teoria. Refletir sobre Lênin lendo Hegel em 1914-15, nos diz Althusser, "não é erudição, é filosofia, e como a filosofia é política na teoria, *isso é, então, política*".

O que é declarado aqui é uma ruptura decisiva na simetria das condições da filosofia. A política ocupa, a partir de então, um lugar realmente privilegiado no sistema de torsão dupla que singulariza o ato de pensamento que se chama filosofia. Ela tem esse privilégio, além de seu estatuto de condição, porque ela penetra na determinação do ato.

Eu chamei essa ruptura de simetria, e esse privilégio determinante de uma das condições da filosofia de uma *sutura*. Há sutura da filosofia quando uma de suas condições é atribuída à determinação do ato filosófico de percepção e de declaração. Quando Althusser escreve, por exemplo, "a filosofia é uma *prática de intervenção* política que se exerce sob a forma teórica", ele sutura a filosofia à política. Alguns anos antes, para dizer a verdade, ele suturava, nos parênteses do teórico, a filosofia à ciência. O trajeto criador de Althusser se desdobra em um deslocamento da sutura, que não consegue, finalmente, liberar o ato filosófico como tal e preservar sua imanência, que, entretanto, ele mesmo, mais do que qualquer outro, como eu disse, anuncia o rigor. A efração dos parênteses, que aprisionava a filosofia em um cara a cara com a ciência, só pôde acontecer com a prisão de uma outra, a que faz da filosofia uma espécie do gênero político. É nesse momento, sem dúvida, que o espaço em branco deixado entre os parênteses opera à distância, espaço em branco cuja atração formal é a da sutura. Apesar da rapidez e da violência dos deslocamentos aos quais Althusser submete o conceito de filosofia, eles deixaram esse lugar vazio intacto no qual, quando ela vem se acomodar, a filosofia se encontra, de certa maneira, *paralisada* por uma de suas condições de acontecimento. O problema das suturas é que elas tornam, inconfortavelmente, legíveis suas duas bordas, a filosofia e a condição privilegiada. Do lado filosófico, a sutura, que investe o ato filosófico de uma determinação singular em relação a sua verdade, destrói por compleição o vazio categorial necessário no lugar filosófico como lugar de pensamento. Na linguagem de Althusser, diremos que, suturada à política, a filosofia encontra de novo, na verdade, um ou alguns objetos, apesar de ele explicar em outro lugar, e bem solidamente, que a filosofia não tem objeto. Em um texto já citado por mim, ele chega a dizer que a filosofia intervém politicamente na prática política e na prática científica. Mas vimos, seguindo o próprio Althusser, que isso é impossível. Porque os resultados da filosofia são estritamente imanentes, e a interioridade prática de suas condições, quer se trate da ciência ou da política, não pode ter acesso a isso apenas do ponto de seu ato.

Do lado político, a sutura dessingulariza o processo de verdade. Para poder declarar que a filosofia é uma intervenção política, é preciso ter um conceito muito mais geral e indeterminado da política. É preciso, na realidade, substituir a rara existência sequencial do que Sylvain Lazarus chama de *modos históricos da política*, que são apenas as condições reais da filosofia, por uma visão da política que seja porosa ao filosofema. É, logicamente, o papel assumido no dispositivo de Althusser pela identificação pura e simples da prática política com a luta de classes. Nem Marx, nem Lênin declararam que a luta de classes era *por si mesma* identificável à prática política. A luta de classes é uma categoria da História e do Estado, e é apenas sob condições completamente singulares que ela constitui uma *matéria* da política. Manejada como suporte da sutura entre a filosofia e a política, a luta de classes se torna uma simples categoria da filosofia, um dos nomes para o vazio categorial em que ela procede. O que é, convenhamos, uma revanche da imanência filosófica.

Mas eu vejo a última dificuldade quando Althusser repete que a filosofia é uma intervenção política "sob a forma teórica". O que aconteceu com esse princípio formal que parece distinguir a intervenção filosófica das "outras formas" da política? E quais são essas "outras formas"? Será que é preciso pensar que existe uma "forma teórica" da política, que é a filosofia, e uma "forma prática", que, enfim, é o quê? O Partido comunista francês? O movimento espontâneo das revoltas? A atividade dos Estados? Essa distinção é insustentável. Na realidade, a própria política de emancipação é, do começo ao fim, um lugar de pensamento. É inútil querer separar um lado prático e um lado teórico. Seu processo, como qualquer processo de verdade, é um processo de pensamento sob condições que são de acontecimentos e em uma matéria que tem a forma de uma situação.

No fundo, o que faltou a Althusser, o que *nos* faltou entre 1968 e, vamos dizer, o começo dos anos 1980, e que vemos hoje, é reconhecer plenamente a imanência em pensamento de *todas* as condições da filosofia. Porque existe essa lei que, às vezes, Althusser mais que entrevê e que às vezes ele esquece: só é possível pensar a imanência dos resultados e dos efeitos da filosofia se pensarmos a imanência de todos os procedimentos de verdade que a condicionam e, singularmente, a imanência – Sylvain Lazarus diz a interioridade – da política.

Althusser mostrou, ou desenvolveu, quase tudo o que precisamos para emancipar a filosofia de sua repetição acadêmica e da ideia morosa de seu fim. A ausência de objeto e o vazio, a invenção categorial, a declaração e as teses, a colocação das condições, a imanência dos efeitos, a racionalidade sistemática, a torsão, tudo isso que continua a existir, se encontra em sua obra. O paradoxo é que ele inventou essa disposição no âmbito de duas lógicas sucessivas que eram totalmente seu oposto, visto que elas eram lógicas de sutura. Mas esse paradoxo nos ensina, ao menos, que não se sai do teoricismo pelo politicismo, nem, diga-se de passagem, pela estética ou pela ética do outro. Trata-se de tirar a sutura da obra de Althusser, de liberar o alcance universal de sua invenção. O método que eu proponho cabe em algumas máximas. Darei quatro aqui.

– Ampliar o espaço das condições a todos os lugares de pensamento imanentes em que procedem, à jusante dos acontecimentos singulares, as verdades diferentes. Não apenas as ciências e os modos da política, mas também as artes e as aventuras de amor.

– Conceber as condições, a ciência, a política, a arte e o amor, não como dispositivos do saber ou da experiência, mas como ocorrências de verdade. Não como regimes do discurso, mas como fidelidades ao acontecimento. Althusser se opõe à categoria de verdade que ele considera como idealista. Ele identifica conhecimento e verdade. É, na verdade, o verdadeiro traço subsistente, segundo ele, da tradição epistemológica francesa que, diga-se de passagem, ele começa a demolir. E é, também, por meio disso que esse pensador tão fortemente situado no horizonte dos acontecimentos do século barra o acesso da filosofia a um pensamento do acontecimento como tal.

– Determinar que o ato filosófico não se encontra nem na forma da representação, nem na forma da mediação. Esse ato é uma percepção e, logo, também um percebimento. Esse ato nos faz perceber o que existe como verdades.

– Sustentar a dimensão subtrativa da filosofia. A filosofia tem por ética histórica subtrair de si mesma o que a entulhou, na verdade, de pretensão interveniente além dela mesma. Ela deve, sem parar, dizer de novo, nos termos renovados de seu dizer, que ela não é, nem será, nem uma política, nem uma ciência, nem uma arte, nem uma paixão, mas sim o lugar de onde se percebe que existem verdades na política, na ciência, na arte e no amor, e que essas verdades são compossíveis. Ato pelo qual a filosofia faz o tempo girar em direção da eternidade, na medida em que ele é esse tempo em que as verdades estão em jogo.

Sob esses princípios, eu compartilho em absoluto uma convicção de Althusser, convicção que ele já opunha à ideia, sendo ou não marxista, de um fim da filosofia. A convicção da existência inelutável da filosofia.

É preciso sublinhar que, naqueles anos 1960, tão marcados pela antifilosofia, tão abertos aos temas conjuntos do niilismo planetário e do reino das ciências humanas, Althusser foi praticamente o único a manter um enunciado, em minha opinião, ainda hoje crucial e discutido. Trata-se do enunciado: a filosofia existe. E melhor ainda: a filosofia existe sob a forma racional. Nesse sentido, ele foi, contrariamente a Lacan, a Foucault ou a Derrida, todos antifilósofos, sim, o filósofo. E ele não somente sustentou que a filosofia existia, mas anunciou que ela sempre existiria. Ele sustentou, no fundo, a *philosophia perennis*.

Porque ele escreveu, comentando a 11ª tese sobre Feuerbach[2] – e será bom, eu acho, concluir com essa esperança, visto que é verdade que existem momentos em que uma esperança não é nada mais que a certeza de uma duração:

> Será que essa frase promete uma nova filosofia? Eu não acho. A filosofia não será suprimida: a filosofia continuará a ser a filosofia.

---

2. Ludwig Andreas Feuerbach, filósofo alemão (1804-72). (N. T.)

# Jean-François Lyotard
# (1924-98)

Quando meu pensamento se volta para os traços, os escritos e até mesmo o corpo ou o rosto, ou, vamos dizer, a beleza ou a sedução de Jean-François Lyotard, eu sempre penso na noite; na noite tal como ela é, em definitivo, a ordem em que, simultaneamente, o dia se torna, pouco a pouco, impensável e, entretanto, em que existe, é preciso que exista, o traço indizível do que teria acontecido como figura da manhã.

Falando do *Diferendo*, eu encontrei esse título, extraído das traduções latinas da Bíblia: "*Custos, quid noctis?*", "Guardião, o que aconteceu com a noite?". De qual noite se tratava? Da que chegou ou despencou sobre a política como gênero. Era um dos temas insistentes do livro: o que nos aconteceu foi a compreensão de que a política não é um gênero do discurso, porque ela é a multiplicidade dos gêneros, ela é o ser que não é o ser, mas os "existir". Ou, ainda, ela é "um dos nomes do ser que não é". Essa noite, segundo Lyotard, se tornava, a partir de então, nosso lugar: que aquilo a que ele tinha se dedicado, absoluta e aproximadamente, durante quinze anos de sua existência, e eu muito mais ainda, não seja apenas um dos nomes do ser que não é. Por meio disso se poderia, se quiséssemos, entender que a política é tudo, mas segundo uma disseminação heterogênea que, proibindo uma dedicação existencial, poderia também se explicar como: a política não é nada, ela não é mais nada. Não devemos nos esquecer, não devemos nunca nos esquecer de que, comentando em 1986 seu livro de 1984, Économie libidinale [Economia libidinal], Jean-François Lyotard fala "da desesperança desanimada expressa nele". Essa desesperança é a da política que se vai. E também devemos nos lembrar do comentário feito em 1973, em *Dérive à partir de Marx et Freud* [Deriva a partir de Marx e de Freud], da própria palavra deriva. "Deriva" não apenas contra a lógica dialética do resultado, não apenas contra a Razão: "Não queremos destruir o Kapital porque ele não é racional, mas porque ele é"; não apenas mesmo contra a crítica: "É preciso derivar fora da crítica. Indo mais longe, a deriva é por si mesma o fim da crítica". Mas, no fundo, deriva que acompanha, efetua, pontua, a deriva melancólica do próprio capital.

Jean-François Lyotard pode dizer – e é isso a política como um dos nomes do ser que não é, é isso a noite na qual um pensamento reflete:

> O que a nova geração realiza é o ceticismo do Kapital, seu niilismo. Coisas não existem, pessoas não existem, fronteiras não existem, saberes não existem, crenças não existem, razões de viver/morrer não existem.

Essa ausência de viver/morrer, Jean-François Lyotard deve tê-la encontrado duramente, deve tê-la atravessado, deve tê-la pensado. E se agarrado a ela, com a exceção, sem dúvida, do amor. Mas ele vai sempre conferir ao amor um estatuto de exceção, até mesmo durante a mais intensa abnegação política. Falando de si mesmo e de seu amigo Pierre Souyri[1], Lyotard lembra que, durante doze anos, eles "consagraram seu tempo e todas as suas capacidades de pensar e de agir unicamente ao trabalho de crítica e de orientação revolucionária que era a do grupo Socialismo ou Barbárie". Mas ele acrescenta: "Nada mais, além de amar, nos tinha parecido valer um instante de distração durante aqueles anos".

"Além de amar". É verdade, as últimas anotações sobre Santo Agostinho nos mostram a ressonância dessa exceção. Mas, em relação ao resto, a essa abnegação monacal, enérgica, densa, sob o nome de políti-

---

1. Pierre Souyri fez parte da Resistência e foi militante do Partido Comunista Francês (1925-79). (N. T.)

ca revolucionária, houve como uma perda, um sepultamento, uma perda ainda mais ampla porque ela toma pouco a pouco a forma de um mandamento. O imperativo da noite, de certa noite. Assim, em 1989, no prefácio dos textos sobre a Argélia, esses enunciados abruptos. Em primeiro lugar: "Tudo indica que o marxismo acabou como perspectiva revolucionária e, sem dúvida, qualquer perspectiva verdadeiramente revolucionária". E mais perto do mandamento noturno: "O princípio de uma alternativa radical à dominação capitalista *deve* ser abandonado". A palavra "deve", o significante do imperativo, está sublinhado no texto.

O pensamento de Lyotard é uma longa, dolorosa e complexa meditação sobre esse dever que, segundo ele, nos é estipulado. O dever de assumir a noite sem fraquejar; o que também pode dizer: como resistir sem o marxismo, ou seja, sem sujeito histórico objetivo, ou até mesmo, talvez, como ele escreveu, "sem fins decididos"? Onde se encontra, a partir de então, se a política é como um nome abandonado, o lugar da fidelidade ao intratável? Onde fica nossa deriva na noite?

É nesse momento que, opostamente à noite como persistência cega e cegante do Kapital, acontece a abertura indizível da manhã. De maneira última, sob os nomes adaptados da infância, intratável íntimo, da lei, intratável imemorial. Mas talvez sob uma lista inteira de nomes que estruturaram a deriva filosófica de Jean-François Lyotard durante as três últimas décadas.

Até mesmo a palavra "marxismo", cujo rabisco é um dos dados fundamentais da noite, cuja dissipação representa no pensamento a cisão antiespeculativa, até mesmo essa palavra pode voltar e dar nome à guardiã da manhã. Em relação a seu diferendo com Pierre Souyri, e no próprio exercício desse diferendo, Lyotard descobre que exatamente no momento em que o marxismo se torna um discurso "vagamente ultrapassado", que algumas de nossas expressões se tornam "impronunciáveis", então surge sob seu nome "algo, uma asserção longínqua, que escapa não apenas à refutação, mas também à decrepitude, e conserva toda sua autoridade sobre o querer e o pensar". E concluindo em uma passagem, a meu ver decisiva:

> Eu senti, surpreso, o que no marxismo evita qualquer objeção e torna qualquer reconciliação, mesmo na teoria, uma vigarice: existem muitos gêneros de discursos incomensuráveis em jogo na sociedade, nenhum pode transcrever todos e, no entanto, um deles, pelo menos, o capital, a burocracia, impõe suas regras aos outros. A essa opressão, a única radical, a que proíbe as vítimas de testemunhar contra ela, não basta compreender e ser seu filósofo; é preciso também destruí-la.

Texto que, no fundo, explica como o pensamento na noite guarda o poder da manhã. Deixe-me enumerar esses apoios, ou essas sortes.

1. Primeiramente – e sobre esse ponto eu concordo profunda e essencialmente com Lyotard – há o múltiplo. Apesar de a noite poder ser tão uniforme e imposta, ela aparece apenas sobre o heterogêneo e a multiplicidade. O ser é essencialmente plural. Parágrafo 132 do *Diferendo*: "Em suma, acontecimentos existem: algo que não é tautológico com o que aconteceu acontece". Também se poderia dizer: existem singularidades. O que existe na forma dispersiva da questão: será que acontece? Ou ainda: existem nomes realmente próprios. Parágrafo 133: "Por *mundo*, eu entendo uma rede de nomes próprios". O próprio dos nomes próprios é que nenhuma frase única pode pretender esgotar seu plural.

2. A opressão é certamente que um gênero de discurso, o Kapital, imponha suas regras aos outros. E como não há sujeito político-histórico alternativo, como não há proletariado, essa imposição é, de certa maneira, irreversível ou eterna. O Kapital é o nome noturno do ser que é. Mas a imposição de uma regra é apenas uma teia de captura. Ontologicamente, a incomensurabilidade dos gêneros de acontecimentos, o heterogêneo do

que acontece, vai apenas persistir, insistir. O intratável continua como tal, silencioso, sob a regra que ordena sua redução.

Esse motivo é o que faz com que o "marxismo", que era para Lyotard o nome da política, permaneça ou possa permanecer entre outras coisas, e retirando-se toda política, como o nome econômico do intratável.

Esse movimento já estava desenhado em *Dérive à partir de Marx et Freud*. Tratava-se, e eu realmente concordo com isso, de uma crítica do tema burocrático da eficiência. Lyotard sustentava a forte tese de que o que tinha feito com que os partidos e grupos revolucionários tivessem se perdido tinha sido "o privilégio dado à ação transformadora". O que, em minha linguagem, se diria hoje: a política não é da ordem do poder, ela é da ordem do pensamento. Ela não visa a transformação, ela visa a criação de possibilidades anteriormente não formuladas. Ela não é deduzida pelas situações porque ela deve prescrevê-las.

No entanto, sobre esse fundo ainda crítico, o que Lyotard faz aparecer? O que ele chama de "outro dispositivo" que ele diz estar, em relação ao Kapital, "em uma relação não dialética, não crítica, mas incompossível".

Aqui se encontra, sem dúvida, o problema central da modernidade. O que é uma relação de negatividade? O que é uma alteridade não dialética? O que é uma incompossibilidade não crítica? Com, como pano de fundo, duas vias:

– A do negativo infinitesimal, do vazio sem predicado, da multiplicidade matematizável e indiferente. A relação é, então, o puro aparecer lógico. A política se encontra preservada em sua força diurna porque ela não precisa, e nunca precisou, de nenhum sujeito alternativo. "Proletário" é o nome de singularidades diferentes e sequenciais, não o nome de um poder histórico. É a via que eu tomo, e que Lyotard sempre criticou como identificação mortífera das frases descritivas e das frases normativas, ou como manutenção enviesada do Relato defunto.

– A outra via, comum em seu princípio a Lyotard e a Deleuze, toma emprestada a relação sem negatividade, a alteridade não dialética, do dispositivo bergsoniano da vida, ou da duração qualitativa. Por exemplo: "Existe uma percepção e uma produção de palavras, de práticas, de formas, que podem ser revolucionárias sem garantia se elas forem suficientemente sensíveis para derivar segundo as grandes correntes, os grandes *Triebe*, os fluxos mais importantes que virão deslocar todos os dispositivos visíveis e mudar a própria noção de operatividade". Podemos ver: a deriva supõe a pulsão qualitativa dos fluxos.

Entretanto, apesar de serem tão opostas, a via axiomática e a via vitalista apenas divergem no ponto do pensar a relação sem recorrer à negatividade, do pensar o incomensurável sem a transcendência de uma medida. O traço matinal da noite, o que o pensamento deve proteger, é, então, que existem múltiplos "compossíveis", mas "incompensáveis", segundo a fórmula proposta por Lyotard como a das problemáticas da deriva.

Logo, existe o múltiplo. E existe o incomensurável e o intratável. E, então, temos de volta, no final do texto que eu rearticulo aqui, a razão da destruição: "A essa opressão não basta compreender e ser seu filósofo, também é necessário destruí-la".

Devemos parar nesse ponto. O que separa a filosofia do que é exigível em relação ao erro ou à opressão se diz: "destruir". O "também destruir" é o que ultrapassa a compreensão filosófica. E se esse "destruir" não tiver, ou não tiver mais como nome "política", qual é o seu ou os seus nomes? Quem, na noite em que nos encontramos, e que é obsolescência e rasura da política, faz o trabalho de vigilância da manhã por meio do desgaste e da destruição da noite? No fundo, para Lyotard, existe apenas uma questão: o que é, onde está e de onde procede, a *cor*?

Para isolar essa questão, é preciso se desapegar matinalmente da uniformidade da sombra. Uniformidade cujos nomes conjuntos são

Kapital e burocracia. Desapego daquilo que tem relação com a destruição. Esse desapego é uma longa história, ao mesmo tempo pessoal e coletiva, quase esquecida e, entretanto, da qual a integralidade do pensamento de Lyotard é a leitura, o balanço, o saldo conceitual.

Sim, eu quero homenagear aqui aquele que é, em sua linguagem, uma *figura*. O Jean-François Lyotard para quem não havia nada mais essencial do que conjuntar um pensamento teimoso e sutil, uma crítica radical à prática organizada cujo laço referencial era a fábrica. O Lyotard da Renault-Billancourt[2], eu quero homenageá-lo aqui porque tudo procede, com todas as reservas, eu já disse, da obrigação de amar. Quantos de nós, não durante uma semana, nem mesmo três anos, mas durante quinze anos, ou até mesmo mais, medimos a filosofia com a régua da intensidade, vital e pensante, que existe ao se reunir durante a madrugada com alguns operários? Quantos de nós podemos falar, livremente e em voz alta, como Jean-François Lyotard ainda em 1989, "desses poucos militantes, operários, empregados e intelectuais, que tinham se juntado com a intenção de continuar a crítica marxista, teórica e prática, da realidade até suas consequências mais extremas"?

E é um dos meios, talvez, de distinguir o que ele chama de uma figura, do que é, por toda parte, chamado de uma imagem.

Quando Sartre, manipulado por Benny Levy[3] e a Esquerda proletária, sobe em cima de um tonel na porta da Renault-Billancourt, é uma imagem. É a intenção deliberada de produzir uma imagem transmissível, midiatizável. É uma prestação publicitária. Quando, durante anos, acontece, em relação ao lugar da "fábrica", concentração do pensamento e do fazer, quando, nesse momento, acontece a vigilância da manhã, é

---

2. O estopim de maio de 1968 aconteceu na fábrica de automóveis da Renault, que fica em Boulogne-Billancourt, subúrbio parisiense. (N. T.)

3. Benny Lévy (Pierre Victor), filósofo e escritor francês, dirigente da Esquerda proletária, secretário de Sartre de setembro de 1973 até a morte deste, em 1980. (N. T.)

uma figura, que é sem imagem, e que nenhuma mídia captura. Lyotard realmente tem razão de dizer, sem nenhuma fanfarronice, que durante aqueles anos "o grupo respeitou a ascese de seu próprio apagamento em benefício da palavra dada aos trabalhadores".

Eis o que eu quero saudar: que a manhã de um filósofo possa ser de fábrica; não no pesado sentido substancial da classe, da vanguarda, ou do povo-em-si, mas segundo, pelo contrário, a leveza de uma trajetória, a obstinação de uma clareza, a deriva, a partida, a alteridade não dialética, a relação não crítica. Segundo, em suma, a política como criação, e, em primeiro lugar, criação de lugares improváveis, de conjunções imperceptíveis.

"Até em suas consequências extremas", diz Lyotard. Esse princípio: manter a consequência, mesmo ela sendo julgada extrema demais pela opinião corrente, é filosoficamente crucial. É, ao meu ver, a própria lei de uma verdade qualquer. Porque toda verdade é tecida de consequências extremas. Existe apenas a verdade extremista.

Quantas rupturas a suportar, para Jean-François Lyotard, no extremo das consequências. No pano de fundo: a ruptura aparente de Trotsky com o terrorismo stalinista, nos anos 1930. Em seguida, a ruptura com essa ruptura, depois da guerra, visto que o trotskismo, como ele o chama, "não pôde definir a natureza de classe das sociedades chamadas de comunistas". Depois, a entrada em 1954 no grupo Socialismo ou Barbárie. Seguido pelas revoltas em torno da saída de Claude Lefort[4], em 1958. A partir de 1960, as primeiras suspeitas sobre a política como nome genérico, ou destinal, do intratável.

Mas continua sendo verdade que ele não causou ao proletariado "um mal em particular, mas um mal em si". Mas o problema que apre-

---

4. Filósofo francês, fundador com Cornelius Castoriadis do grupo Socialismo ou Barbárie (1924--2010). (N. T.)

senta hoje a decomposição profunda das atividades e dos ideais é justamente o de saber por onde, por quais meios o projeto revolucionário pode, a partir de então, se exprimir, se organizar, lutar.

> Certa ideia da política morre nesta sociedade. Não é certamente a "democratização" do regime, reclamada pelos politiqueiros desempregados, ou a criação de um "grande partido socialista unificado", que será apenas o remembramento dos resíduos da "esquerda", que darão vida a essa ideia. Tudo isso não tem nenhuma perspectiva, é minúsculo em relação às dimensões reais da crise. Chegou a hora de os revolucionários tomarem consciência da revolução a ser feita.

De onde se vê que não tomar consciência é a origem do incomensurável.

Em 1964, o grande cisma do grupo, com Cornelius Castoriadis[5] de um lado e, do outro, o grupo Poder Operário, ao qual Lyotard se liga, embora em uma dúvida crescente.

E, em 1966, a demissão do Poder Operário. As tensões com o amigo e iniciador, Pierre Souyri. E, em 1968, a evidência para Lyotard de que o proletariado, no melhor caso, é uma retaguarda incômoda, que o sujeito-suposto é amorfo, que a história é errática. O que, poeticamente, diz o texto "Désirévolution" [desejorevolução]:

> Mas era a própria essência da história o vazio no qual nós lançamos nossas pedras a ausência de um referencial a noite tateante *Violência do sentido ausente* questão tirada do chão das ruas e lançada aquém de qualquer instituição A negatividade desafia quem a reprime ou a representa Sob seu gesto o discurso religioso do paraíso político seja ele de hoje ou de amanhã cai na vaidade Eles não viram isso Que aquilo que começa não é uma crise que leva a um

---

5. Filósofo, economista e psicanalista francês de origem grega, fundador com Claude Lefort do grupo Socialismo ou Barbárie (1922-97). (N. T.)

outro regime ou sistema por um processo necessário Que o outro desejado não pode ser o outro do capitalismo porque é a essência do capitalismo ter seu outro em si e eis a recuperação Que o outro que foi abertamente desejado que o é e que o será e o outro da pré-história na qual nós estamos sob os grilhões *grito deposto por escrito* imagens espantosas música consoladora invenção proibida ou patenteada brinquedo quebrado em dois trabalho e lazer saber encurralado em ciências amor em sexo E o olho aberto da sociedade em seu meio o olho grego sua política é empregada para encher de areia O que foi anunciado é o começo da história a abertura do olho Eles não podem ver.

Eis o que pode também traduzir a questão: onde está a cor? É a questão tipicamente matinal: o que é a abertura do olho? A abertura do olho sobre um pensamento? Uma olhada, quase um lampejo. Um pensamento: quase uma nuvem. É o que ele disse, escutemos:

> Os pensamentos não são frutos da terra. Eles estão consignados em seções em um grande cadastro somente para a comodidade dos humanos. Os pensamentos são nuvens. E a periferia de uma nuvem não é exatamente mensurável.

A abertura do olho sobre uma nuvem é a correlação de dois movimentos reversíveis. Um é um batimento, aberto/fechado. O outro é um deslocamento figural. Lyotard nunca deixou de buscar o ponto de reversibilidade, que surge também como uma coincidência. No lugar onde o olho se abriu sobre a figura mais improvável de uma nuvem.

Também podemos dizer: pensar é a sobreposição desordenada de um diferendo exterior e de um diferendo interior. Nem a nuvem, nem o olho são reconciliáveis, nem entre eles, nem neles mesmos. A mutação da figura continua indefinidamente e nunca o aberto pode proceder, até mesmo negativamente, do fechado. É o ponto não dialético que deve ser percebido, batimento, deslocamento e finalmente: o acontecimento do intratável, um batimento superajustado ao deslocamento. Um milagre.

O pensamento, afinal de contas, é apenas milagre, e é por essa razão, cada vez mais, que Lyotard o via, antes de tudo, depositado na singularidade da arte. Pintura, figura ou sobretudo: no lugar onde o figural luta contra o pictural.

Mas é preciso dizer novamente: a própria palavra "marxismo" podia nomear, ainda, o ponto não dialético, o reversível. Escutemos o final de *Peregrinações*:

> O marxismo é, então, a inteligência crítica da prática da ruptura, nos dois sentidos: ele declara a ruptura "externa", na realidade histórica; a ruptura "interna" de si, como diferendo, impede essa declaração de ser universalmente verdadeira de uma vez por todas. Como tal, ele não está sujeito à refutação, ele está à disposição do campo que torna esta última possível.

Uma prática que ande nos dois sentidos, logo, uma prática sem orientação. É o apoio que o filósofo, segundo Lyotard, busca quando finalmente larga o Relato proletário.

E, sem dúvida, nosso diferendo se baseava no fato de eu ter mais apreço que ele ao processo, contra o milagre, à verdade, contra as figuras, à matemática, contra a linguagem e o direito, à decisão, contra o surgimento, à orientação, contra o reversível, à fábrica como lugar político, contra a fábrica como lugar do sujeito da história. Talvez ele tivesse dito que eu era pictural e não figural. Um pouco grosseiro e não suficientemente volátil. Ainda um moderno.

Tivemos, durante muito tempo, relações extremamente tensas. O pós-1968 foi violento, colorido e difícil. Lyotard tinha apenas desprezo pelo maoísmo, no qual nossas ações se inspiravam com virulência. Imagine então! Já em 1958, o grupo Socialismo ou Barbárie publicou um artigo de Souyri intitulado: "A luta de classes na China burocrática". A demonstração, no rigor marxista, da impostura maoísta era uma especialidade de Lyotard e de seus amigos. Isso não ajudava, podem acreditar nisso.

Muito menos, diga-se de passagem, a pouca importância que ele dava a um significante-chave de nosso pensamento, o significante "massas", dado em uma linha de massa, ação de massa, democracia de massa. Ele escreveu em outubro de 1972:

> Não digam que nós sabemos o que "as massas" desejam. Ninguém sabe, muito menos elas. Nada mudará se vocês que se dizem servos do desejo das massas agirem conforme o seu suposto saber e tomarem sua direção.

Sim, havia entre nós um abismo político. E, em seguida, a política desapareceu como lugar privilegiado de manifestação do intratável para ele. Para mim, para quem ela é um procedimento de verdade, inferível em sequência de singularidades de acontecimentos, ela continuou a existir, e a fábrica com ela. Daí, certa paz era possível e existiu entre nós, de longe, sorridente e inexplorada, o que, em suas dedicatórias, ele chamava de "afeição". Nossos ancestrais camponeses, devemos dizer, vinham do mesmo vilarejo perdido nos planaltos da Haute-Loire. Ele se chama Moudeyres. No cemitério de Moudeyres, só vemos Badiou e Lyotard, reconciliados não tanto pela morte, mas pela insondável densidade do tempo.

Hoje, eu veria nosso diferendo de maneira bem circunscrita e precisa, o que não o enfraquece, muito pelo contrário. Trata-se, como sempre, como com Deleuze, da imanência e da transcendência. Um enunciado crucial pelo qual Lyotard determina, no *Différend*, uma exigência muito importante da filosofia é o seguinte: "A frase que formula a forma geral da operação de passagem de uma frase a outra é, ela mesma, submetida a essa forma da operação de passagem". O que ele também vai dizer, no léxico kantiano do qual ele gostava tanto, assim como todos os inimigos de Hegel: "A síntese da série também é um elemento que pertence à série".

Não é isso, não. Eu não concordo com isso. Existe o excesso real, do fora do lugar, da distância. Se quiserem chamar isso de transcendência, pouco importa. O exemplo mais inodoro é que a síntese daquilo que constitui um número inteiro finito não é um número inteiro finito; é até mesmo uma entidade propriamente inacessível. O princípio imanente daquilo que se repete ou sucede nem repete, nem sucede.

Esse, sem dúvida, é exatamente o ponto que nos diferencia, em relação ao que, na noite, se deve guardar, no futuro anterior da manhã. A lógica serial da deriva de um lado, a localização do ponto de excesso do outro. A intratável finitude da infância de um lado, a projeção fiel realizada sobre o que torna a exceção do outro.

Seria, no final, um diferendo sobre o infinito, eu acho. Ou sobre sua correlação com o finito. De onde se veria que eu sou menos inimigo de Hegel que ele e, também, menos pronto a concordar com Kant, ao mesmo tempo no motivo da Lei, e que o entusiasmo, no final das contas, como Lyotard escreveu, seja apenas uma "alegria penosa extrema".

Diferendo sobre a essência do infinito, mas não verdadeiramente sobre seu uso. O essencial, afinal de contas, sob o nome de infinito, é guardar a soberania ontológica do múltiplo. No *Différend*, Lyotard repudia a noção dos Direitos do Homem. Nem "direito", nem "homem" convêm, como ele diz com muita justiça. Ele diz, sempre com exatidão, que os "direitos do outro" valeriam ainda menos. E ele propõe, enfim, a expressão magnífica diante da qual eu me inclino: "autoridade do infinito".

Pois é. Hoje, é com essa concordância que eu quero concluir; essa comunhão filosófica sob a autoridade do infinito que obriga também ao trajeto e à destruição, que obriga ao que não é filosófico. Obrigação que é totalmente do pensamento, mas que não basta. Existe uma decisão anterior em minha linguagem. E, na dele, um afeto. No *Différend* ele escreve: "O marxismo não acabou, como sentimento do diferendo". Digamos: a política continua, como decisão excessiva. E nós teremos do diferendo afetuoso com Jean-François Lyotard, como Rimbaud queria, *o lugar e a fórmula*.

# Gilles Deleuze
# (1925-95)

Por que ele é hoje, ainda mais do que há dez anos, nosso contemporâneo? E, entretanto, sempre intempestivo, suficientemente para ser essa raridade, um contemporâneo do futuro? Ele não é, certamente, "moderno" aos olhos dos acadêmicos que depreciam o século XX como se desde sempre seu espírito se mantivesse na discussão, triunfante hoje nas salas de aula, entre fenomenologistas religiosos e gramáticos democratas. Da fenomenologia, Eric Alliez[1] tem razão em dizer que o projeto mais constante – mas também o mais difícil – de Deleuze era o de provar que podíamos sair dela. E que nós devíamos fazer isso, porque ela tinha, será sua expressão, "abençoado muitas coisas". Em relação à filosofia analítica e ao "giro linguístico", ele dedicava a eles um de seus vários ódios, considerando que uma espécie de comando vienense tivesse, em todo caso nos departamentos de filosofia das universidades, desertificado o rico pensamento norte-americano dos Emerson[2], dos Thoreau[3] e dos James[4]. Em relação à "democracia", não nos cansaremos de repetir – por ser uma declaração corajosa e justa – que uma das características mais importantes da filosofia segundo Deleuze era que ela tinha, positivamente, horror da própria noção de "debate".

---

1. Filósofo francês, nasceu em 1957. (N. T.)

2. Ralph Waldo Emerson, ensaísta, filósofo e poeta norte-americano (1803-82). (N. T.)

3. Henry David Thoreau, cujo verdadeiro nome era David Henry Thoreau, ensaísta, professor, filósofo e poeta norte-americano (1817-62). (N. T.)

4. William James, psicólogo e filósofo norte-americano (1842-1910). (N. T.)

Mas não foi gratuitamente que Deleuze realizou o programa heideggeriano da modernidade, esse interminável "fim da metafísica" que se declina também como trabalho da desconstrução. Ele dizia de bom grado que não tinha nenhum problema com a metafísica. Não se pode catalogar comodamente Deleuze nas genealogias ordinárias. É verdade que ele coloca Nietzsche na abertura de nosso tempo, como tantos outros fazem, e ele lhe atribui – em minha opinião, não é sua melhor inspiração – a introdução, na filosofia, da noção do sentido contra a da verdade, enterrada pelos conformismos. Entretanto, esse Nietzsche cujo ancestral é um Spinoza batizado como o "Cristo da filosofia", e cujo irmão francês é Bergson, surpreenderá mais de um. Para dizer a verdade, Deleuze constrói uma história das doutrinas "interessantes" (ele gosta dessa palavra) totalmente singular que é destinada apenas à ele mesmo: os estoicos e Lucrécio, Duns Scot[5], Spinoza e Leibniz, Nietzsche, Bergson, Whitehead[6]... Não se pode generalizar facilmente esse panorama, transformá-lo no estigma de uma "modernidade" em comum.

Diríamos, então, que ele é, como as classificações do outro lado do Atlântico podem vê-lo, um desses representantes (pós-moderno? Ou pós-pós-moderno?) do pensamento continental e singularmente francês dos anos 1960? Seria esquecer-se de que naquela época ele nadava contra a corrente. Ele falou muito bem sobre o estruturalismo, do *nonsense* como causa do sentido, da teoria do "espaço vazio". Ele compartilhou, mas também retificou, sobre a morte e a escrita, algumas análises de Blanchot[7]. Mas ele não era dessa escola, e muito menos dez anos mais tarde. Foi com violência que ele debateu contra Lacan, que lhe opôs – em vão – sua esquizoanálise. Seu "marxismo", fraternalmente tecido com

---

5. Jean Duns Scot, teólogo e filósofo escocês (1266-1308). (N. T.)

6. Alfred North Whitehead, filósofo e matemático britânico (1861-1947). (N. T.)

7. Maurice Blanchot, romancista, crítico literário e filósofo francês (1907-2003). (N. T.)

Guattari[8], é totalmente oposto ao de Althusser. Resta, evidentemente, a amizade profunda que comanda suas homenagens a Foucault. Em minha opinião, entretanto, sem ter tempo aqui para aprofundar, essa amizade criadora não deve mascarar o fato de que de um para o outro o pensamento – central – sobre o que é uma singularidade concreta se modifica completamente.

Então como convocá-lo para o nosso tempo? Qual é essa evidência de que ele se mantém conosco, mesmo que seja na distância irônica de sua perpétua retirada, na linha de frente onde nós lutamos contra a infâmia reativa? Eu dissemino essa evidência por cinco grandes motivos, todos unidos na evidência de um esgotamento (mais uma palavra da qual ele gostava). Ele estava frequentemente "esgotado" e se sentia então o irmão de muitos de seus heróis, Melville ou Beckett, por exemplo.

1. Ao esgotamento de todo pensamento do fim (fim da metafísica, fim das ideologias, fim dos grandes relatos, fim das revoluções...), Deleuze opõe a convicção de que nada que não seja afirmativo é "interessante". A crítica, os limites, as impotências, os fins, as modéstias, tudo isso não vale uma única afirmação verdadeira.

2. As razões da unidade, do agrupamento, do "consenso", do valor comum, são apenas cansaços ruins do pensamento. Aquilo que tem de valor é certamente sintético, como toda criação, mas na forma da separação, da disjunção. A síntese disjuntiva, eis a verdadeira operação daquele que é "obrigado" a pensar (porque não se pensa "livremente", pensa-se sob pressão, pensa-se como "autômato espiritual").

3. É preciso parar de especular sobre o tempo, sua precariedade, sua onipresença subjetiva. Acabemos com toda fenomenologia da "consciência íntima do tempo". Porque o que conta é a eternidade, mais precisa-

---

8. Félix Guattari, psicanalista e filósofo francês (1930-92). (N. T.)

mente essa intemporalidade temporal que recebe o nome de acontecimento. O grande e o único "lançar de dados" em que a vida aposta seu acaso como seu eterno retorno.

4. É preciso acabar com a obsessão da linguagem. A palavra é muito importante, mas ela é refém de sua correlação multiforme com a experiência afirmativa integral, ela não é um poder sintático constituinte. Confundir a filosofia com a gramática ou com o inventário de regras é uma aberração. Vamos deixar aqui, como um velho despojo, a ideia de que a forma natural do pensamento é o juízo. Não se deve, sobretudo, julgar: eis um bom axioma do pensamento. No lugar do juízo, a experiência impessoal, o futuro, percebido "pelo meio".

5. A dialética está esgotada. Devemos nos insurgir contra o negativo. Reatamos, assim, segundo o método do Retorno, com o ponto 1: encontrar, asceticamente, o que quer justamente dizer sem nenhuma espécie de negação, com uma pura confiança involuntária nos futuros, a afirmação integral do improvável.

Eu diria de bom grado que o que recapitula todas essas preciosas lições para aquele que, como eu, não concorda com o detalhe ou com a argumentação, pode ser dito em uma única prescrição negativa: combater o espírito da finitude, combater a falsa inocência, a moral da derrota e da resignação, contida na palavra "finitude" e nas enfadonhas proclamações "modestas" sobre o destino finito da criatura humana. E apenas uma prescrição afirmativa: confiar apenas no infinito. Para Deleuze, o conceito é o percurso de seus componentes reais "na velocidade infinita". E o pensamento é apenas uma exposição explosiva até o infinito caótico, ao "Caosmos". Sim, a linha de frente da qual eu acabei de falar, aquela na qual ele se mantém conosco e, por isso mesmo, se afirma um contemporâneo capital, é a seguinte: que o pensamento seja fiel ao infinito do qual ele depende. Que ele não conceda nada ao detestável espírito de finitude.

Que na única vida que nos é oferecida, despreocupados com os limites que o conformismo nos assinala, tentemos, a qualquer custo, viver, como diziam os antigos, "como imortais". O que quer dizer: expor em nós, na medida do possível, o animal humano àquilo que o excede.

# Michel Foucault
# (1926-84)

Um filósofo, nas fronteiras de uma mutação do pensamento, de seus objetos e de seus fins. E que tentava captar, sobre um horizonte de genealogia nietzschiana, as configurações nas quais ganha sentido que exista, em um determinado momento, um determinado gesto da verdade.

Um intelectual – contra aqueles, ele dizia, a quem essa palavra causava náusea.

Uma figura solitária da maestria, sem escola, sem entornos, quase sempre silencioso.

Um sábio, na excelência desse termo, cheio de humor, modesto, capaz, quando necessário, de uma grande violência racional

Alguém cujo mestre invisível continuava a ser Georges Canguilhem. Em quem reconhecer o gosto pelo trabalho, pela prova, documentada, da interrupção, tanto quanto o da certeza pontual, de tal forma que não enfraquecer seja uma regra de ética.

Uma escrita francesa, rápida e curva ao mesmo tempo, pronta para a imagem, como para sua revogação.

Títulos de nobreza insuspeitáveis conferidos à biblioteca, ao cotejamento, ao arquivo.

A capacidade de surpreender, e também o poder de desaparecer. Uma ausência radical de ostentação, um homem do metrô e da multidão, do ensino para alguns, da glória anônima sob seu sobrenome.

Um militante das causas singulares – todas são – um homem do meio da rua e da declaração. A aliança, sempre possível, da majestade da cátedra com a banalidade das prisões.

Em suma, nesses tempos inodoros, lendo-se muito ou pouco, concordando ou discordando de sua obra, ele é uma barreira contra a canalhice. Não sobraram muitas, nem no saber, nem nas instituições. Eis-nos um pouco mais expostos, um pouco mais vulneráveis.

Para uma geração de filósofos, o risco foi a guerra, a Resistência. Perdemos Cavaillès e Lautman nelas. O risco de Foucault era simplesmente o mundo como ele é, sem graça, e na asfixia sempre recomeçada de tudo o que aspira ao universal.

Ele estava – esse benfeitor – em contato total com o mundo, em minha opinião, eu o sinto nesses dias com uma penetrante inquietude, espécie de dique longínquo e seguro contra tudo o que é baixo e irrevogavelmente submisso. Ele se preocupava em saber o que um sujeito pode manter de relação legítima consigo. Assim, seguindo uma tendência nacional essencial, as disposições mais refinadas do conhecimento se subordinavam à ética.

É preciso falar do racionalismo de Foucault, reivindicar a sua tensão e a sua extensão. Acreditar no detalhe de suas construções não é tão decisivo quanto reconhecer nisso que não se cederá sobre a ambição e a universalidade dos dispositivos do conhecimento.

A discussão latente sobre "o que é um intelectual moderno?" não autoriza, sob o pretexto da morte, que se substitua Foucault por um Foucault inexistente. Que sentido teria catalogá-lo no limite sério do especialista, nos ministérios de Mitterrand, nas pacotilhas do jornalismo?

Quanto a opor-se a Sartre, é um exercício de escola.

Obviamente, todos nós rompemos, não por sua causa, com a fenomenologia, com a teoria da consciência, com os últimos avatares do psicologismo. O que seu mestre Canguilhem mantinha com uma mão firme nos domínios duramente circunscritos da ciência ou da medicina, Foucault riscou naquilo que se acreditava dizer respeito às ciências humanas, à história ou à antropologia. Clínica, loucura, dinheiro, linguística, botânica, sistema penitenciário, sexualidade... Mas não era nem história, nem antropologia, nem ciências humanas. Foi o gesto de anexação à filosofia, ao pensamento puro, de objetos e de textos que tinham sido separados dela. Dessa anexação, nós ocupamos os territórios, mesmo quando o gesto de Foucault nos parece inacabado ou difícil de seguir.

Mas veremos melhor, com o distanciamento, que ele encarnava uma fidelidade – toda fidelidade autêntica é uma ruptura – que é própria dos intelectuais franceses, herança do século XVIII, que é a de serem, simultaneamente, racionalistas críticos, testemunhos políticos, pessoas de curiosidade polimorfa e escritores. Dessa herança, antes dele, Sartre era o nome moderno. A justiça do tempo é a de tê-los, Sartre e Foucault, reunido na Goutte d'Or[1] contra o assassinato e a expulsão de trabalhadores estrangeiros. Nada pode valer contra essa fotografia.

Durante esses últimos anos, eu só cruzava com ele no teatro. É o lugar exato, afinal de contas, para esses cruzamentos. Vamos ao teatro para continuar o abandono deleitoso de toda representação. É disso que o teatro, hoje, nos purifica. Foucault realmente sabia que, a esse respeito, a literatura nos acompanha, a prova é a leitura que ele fez de Raymond Roussel[2], o crítico que ele poderia ter sido.

Que não venham nos dizer, depois disso, que com ele a questão do engajamento e de seu valor geral tinha se perdido. Mesmo os erros aparentes de Foucault provam o contrário. Sua declaração sobre o Irã, que teve um custo tão alto para ele, era o testemunho do apetite que lhe sobrava para ler, na história, o surgimento de outro regime da verdade coletiva.

Contrariamente ao que se lê por todos os lugares, ele se assegurava bem do universal, e o que ele tinha para transmitir dizia realmente

---

1. Bairro popular situado no norte de Paris. (N. T.)

2. Escritor, dramaturgo e poeta francês (1877-1933). (N. T.)

respeito àquilo que nós devíamos fazer para mudarmos nós mesmos, bem como o mundo.

A homenagem que convém ser feita a Foucault é, agora, a de ler sua última obra, e falar dela com o mesmo rigor, exatamente como se ele estivesse vivo.

Já estou pessoalmente comovido, tocado, com o fato de que, com relação a esse trabalho sobre a genealogia greco-latina da dominação sexual, Foucault tenha reintroduzido a categoria de Sujeito, e mais especialmente que ele tenha podido declarar (entrevista do dia 29 de maio de 1984 em Les Nouvelles[3] do dia 28 de junho): "Eu chamarei de subjetivação o processo pelo qual se obtém a constituição de um sujeito".

Porque o único conformismo que se podia perceber em Foucault – conformismo estabelecido e mantido por quase todos os filósofos franceses famosos – era o de ter, em seus escritos teóricos, em todo caso, tentado evitar Lacan.

Eu interpreto o enunciado que citei como o sintoma do fato de que Foucault, conduzido por seu próprio rigor incessante, teria um dia – para o benefício geral da filosofia entre nós – conseguido se livrar desse conformismo, como de todos os outros.

Porque ele só se preocupava com o que sua convicção íntima, abrupta, risonha, tenaz e armada de ciência atestava.

---

3. Jornal de literatura e de arte francês (1922-85). (N. T.)

# Jacques Derrida
# (1930-2004)

Aconteceu na França, para usar uma expressão cara a Frédéric Worms, um momento filosófico dos anos 1960. Até mesmo os que teriam a tentação de organizar o seu esquecimento sabem disso. Não muito mais, talvez, que cinco anos intensos, entre 1962 e 1968, entre o final da guerra da Argélia e a tempestade revolucionária dos anos 1968-76. Um simples momento, de fato, mas que foi um verdadeiro fulgor. Podemos dizer que com a morte de Jacques Derrida, a geração filosófica que identificou esse momento desapareceu quase completamente. Resta apenas uma figura tutelar em seu retiro, um homem bem velho impassível e glorioso: só sobrou Claude Lévi-Strauss.

O primeiro sentimento que eu posso ter, então, não é muito nobre. Na verdade, eu me digo: "Agora, somos nós os velhos".

Então, nós... Nós quem? Bom, isso significa mais exatamente nós que fomos os discípulos imediatos desses que desapareceram. Nós que tínhamos, durante aqueles anos de 1963 a 1968 entre vinte e trinta anos, nós que assistíamos com paixão às aulas desses mestres, nós que durante o envelhecimento e depois da morte deles nos tornamos os antigos. Os antigos não com o mesmo significado que o deles, visto que eles eram a assinatura do momento do qual eu falo, e que o momento atual, sem dúvida, não merece nenhuma assinatura. Mas os antigos cuja juventude só foi o que foi por ouvir e ler tais mestres, por discutir as suas proposições noite e dia. Antigamente, nós nos encontrávamos protegidos por eles, apesar de tudo. Nós tínhamos a proteção espiritual deles. Eles não nos oferecem mais isso. Não estamos mais separados do real pela grandeza das vozes deles.

Eu faço questão, então – sinto isso como um dever exigente – de homenagear Jacques Derrida, que desapareceu brutalmente, e, por meio dele, a todos. Todos os signatários mortos do grande momento dos anos 1960.

A homenagem que eu creio ser apropriada é uma homenagem filosófica. Uma homenagem que assinala o distanciamento e lhe confere sua própria força. Para isso, preciso de algumas preliminares a que eu darei aqui uma forma extraordinariamente simples.

Simplicidade justificada. Porque havia, logo abaixo da espantosa fluidez volátil de sua escrita, uma autêntica simplicidade de Derrida, uma intuição obstinada e constante. É uma das numerosas razões pelas quais a violência dos ataques contra ele, logo após sua morte, e, particularmente na imprensa norte-americana, ataques que se voltavam contra o "pensador ininteligível", o "escritor incompreensível", eram apenas a mais banal injúria anti-intelectual.

Por assim dizer, "texanas" eram essas injúrias, e deixemos isso de lado.

Vamos dizer que nós chamemos de "ente" – ente no sentido de Heidegger – uma multiplicidade qualquer e que nos interessemos pelo aparecer desse ente, por aquilo que faz com que desse ente se possa dizer que ele se mostra em um determinado mundo. Vamos supor que tentemos pensar esse ente, não apenas segundo seu ser, ou seja, segundo a multiplicidade pura que constitui o ser genérico, o ser indeterminado, mas que busquemos pensá-lo, o que é o gesto fenomenológico por excelência, enquanto ele estiver presente, logo, enquanto ele surgir nesse mundo ou aparecer no horizonte de um determinado mundo. Vamos convencionar, depois de muitos outros nomes, chamar essa aparição do ente em um mundo de sua *existência*.

A elaboração técnica de uma nova (e integralmente racional) distinção entre o ser e a existência pode tomar diversas formas, e não entraremos nos detalhes aqui de nenhuma maneira. Diremos simplesmente que a relação entre ser e ser-aí, ou a relação entre multiplicidade e inscrição mundana, é uma relação transcendental. Ela consiste no fato de que toda multiplicidade vê ser consignado a ela em um mundo um grau de existência, um grau de aparição. O fato de existir enquanto aparição em um determinado mundo se associa inevitavelmente a certo grau de aparição nesse mundo, a uma intensidade de aparição, que também pode ser chamada de intensidade de existência.

Existe um ponto muito complicado, mas muito importante sobre o qual, diga-se de passagem, Derrida escreveu muito, e sobre o qual ele instruiu todos nós: uma multiplicidade pode aparecer em vários mundos diferentes. Seu ser-uno pode existir multiplamente. Admitimos o princípio da ubiquidade do ser, a partir do momento em que ele exista. Uma multiplicidade pode, então, aparecer ou existir, é a mesma coisa, em vários mundos, mas de maneira geral, ela existe nesses mundos com graus de intensidade diferentes. Ela aparece intensamente em certo mundo, mais fracamente em outro, de modo extremamente fraco em um terceiro, com uma intensidade extraordinária em um quarto. Existencialmente, conhecemos com perfeição essa circulação em vários mundos em que nos inscrevemos em intensidades diferenciadas. O que chamamos de "a vida" ou "nossa vida" é, com frequência, a passagem de um mundo em que aparecemos com um grau de existência fraca a um mundo em que esse grau de existência é mais intenso. É isso, um momento de vida, uma experiência vital.

O ponto fundamental que nos conduz em direção a Derrida é, então, o ponto seguinte. Dada uma multiplicidade que aparece em um mundo, segundo os elementos dessa multiplicidade que aparecem com ela mesma – isso significa que a totalidade do que a constitui aparece nesse mundo – sempre existe um componente dessa multiplicidade cuja aparição é medida pelo grau mais fraco.

Eis um ponto de importância extrema. Eu digo de novo. Uma multiplicidade aparece em um mundo, a relação transcendental afeta os elementos dessa multiplicidade de graus de aparição, de graus de existência. E acontece que sempre existe ao menos um desses elementos – na realidade, existe apenas um – que aparece com o grau de aparição mais fraco, ou seja, que existe minimamente.

É claro que existir minimamente no transcendental de um mundo é como não existir de maneira nenhuma. Do ponto de vista do mundo, existir o mínimo possível é a mesma coisa que não existir. Ter um olho divino exterior no mundo permite eventualmente comparar os mínimos existenciais. Mas ao se estar em um mundo, existir o mínimo possível quer dizer, do ponto de vista do mundo, não existir de modo algum. É por isso que chamamos esse elemento de "o inexistente".

Logo, dada uma multiplicidade que aparece em um mundo, sempre existe um elemento dessa multiplicidade que é inexistente nesse mundo. É o inexistente próprio dessa multiplicidade, relativamente a esse mundo. O inexistente não tem caracterização ontológica, mas unicamente uma caracterização existencial: é um grau mínimo de existência em um determinado mundo.

Dou um exemplo sólido e superconhecido, um exemplo profundamente trabalhado por Derrida. Na análise que Marx propõe das sociedades burguesas ou capitalistas, o proletariado é propriamente o inexistente próprio das multiplicidades políticas. Ele é "o que não existe". Isso não quer dizer, de maneira nenhuma, que ele não tem ser. Marx não pensa, em nenhum momento, que o proletariado não tenha ser, visto que ele vai, pelo contrário, escrever livros e livros para explicar o que é isso. O ser social e econômico do proletariado não é duvidoso. O que é duvidoso, o que sempre foi e que continua a ser hoje mais do que nunca, é sua *existência* política. O proletariado é o que é, inteiramente subtraído da esfera da apresentação política. A multiplicidade que ele é pode ser analisada, mas, se tomarmos as regras de aparição do mundo político, ele não aparece. Ele está lá, mas com um grau de aparição mínimo, ou seja, o grau de aparição zero. É evidentemente o que canta a *Internacional*: "Nós não somos nada, sejamos tudo". O que quer dizer "não somos nada"? Os que proclamam "não somos nada" não estão afirmando seu nada. Eles afirmam simplesmente que eles não são nada no mundo como ele é, quando se trata de aparecer politicamente. Do ponto de vista de sua aparição política, eles não são nada. E o tornar-se "tudo" supõe a mudança do mundo, ou seja, a mudança de transcendental. É preciso que o transcendental mude para que a designação à existência, portanto o inexistente, o ponto de não aparecer de uma multiplicidade em um mundo, mude por sua vez.

Vamos acabar abruptamente essas preliminares: é uma lei geral do aparecer ou do ser-aí-em-um-mundo que existe sempre um tal ponto de inexistência.

Posso, agora, definir a importância do pensamento de Derrida, sua importância estratégica, sua importância no sentido em que Bergson sempre diz que os filósofos têm apenas uma única ideia. Para mim, a importância do trabalho de Derrida, do trabalho infinito de Derrida, de sua imensa escrita, ramificada em uma grande quantidade de obras variadas, de abordagens infinitamente diversas, é a de *inscrever o inexistente*. E de reconhecer, no trabalho de inscrição do inexistente, que essa inscrição é, falando propriamente, impossível. A importância da escrita de Derrida, "escrita" designando aqui um ato do pensamento, é a *de inscrever a impossibilidade da inscrição do inexistente como forma de sua inscrição*.

O que significa "desconstrução"? No final de sua vida, Derrida gostava muito de dizer que, se havia uma coisa que deveria ser urgentemente desconstruída, era a desconstrução, a palavra desconstrução. Com a desconstrução tendo se tornado algo do repertório acadêmico, naturalmente era preciso desconstruí-la. Dar-lhe um significado era, em certo sentido, dilapidá-la. Entretanto, eu acho que para Derrida a palavra "desconstrução" não poderia ser de maneira nenhuma academizada. Ela indicava um desejo especulativo, um desejo do pensamento. Um desejo fundamental do pensamento. Era "sua" desconstrução. E o desejo, como todo desejo, partia de um encontro, de uma constatação. Como todos os estruturalistas dos anos 1960, como Foucault, por exemplo, Derrida admitia que a experiência do mundo sempre fosse uma experiência de imposição discursiva. Estar em um mundo é estar marcado por discursos, marcado inclusive em sua pele, em seu corpo, seu sexo etc. A tese de Derrida, a constatação de Derrida, a fonte do desejo de Derrida é que, qualquer que seja a forma de imposição discursiva, existe um ponto que escapa a essa imposição, o que podemos chamar de ponto de fuga. Eu acho que a expressão deve ser tomada aqui exatamente ao pé da letra. Um ponto de fuga é um ponto que, precisamente, foge da regra do dispositivo de imposição.

A partir daí, o interminável trabalho do pensamento ou da escrita é o de localizar esse ponto. Localizá-lo não quer dizer apreendê-lo. Porque apreendê-lo seria perdê-lo. Enquanto ele foge, não pode ser apreendido. Podemos chamar de "problema de Derrida" o seguinte problema: o que é apreender uma fuga? Absolutamente não apreender *o que* foge, mas a fuga como ponto de fuga. A dificuldade, que sempre obriga o recomeçar, é que, se a fuga for apreendida, ao mesmo tempo ela é suprimida. O ponto de fuga enquanto ponto de fuga não pode ser apreendido. Ele só pode ser localizado.

Existe, em Derrida, algo como a proposição de um gesto de mostrar. Um gesto de escrita, quando a escrita é esse dedo, mergulhado em uma tinta branca, que vai delicadamente mostrar o ponto de fuga, ao mesmo tempo em que o deixa fugir. Não se pode mostrá-lo "como" ponto de fuga, mostrá-lo morto. É, evidentemente, o que Derrida teme acima de tudo. Mostrar o ponto de fuga morto. Mostrar o ponto de fuga sem sua fuga. Temos então uma escrita que vai tentar ser esse mostrar. Chamo isso de uma localização. Visto que mostrar é localizar. E dizer: "Silêncio...

talvez esteja lá, tome cuidado! Talvez ali... não faça com que ele pare... deixe-o fugir...".

Derrida é o oposto do caçador. O caçador espera que a caça pare para que ele possa atirar. Ou que ele a apanhe durante sua fuga. Já Derrida espera que a fuga não pare de fugir, que a "coisa" seja mostrada (o ponto de fuga) na evidência sem nenhuma imobilização de sua fuga. E, logo, em seu incessante desaparecer. Que todo aparecer se apoie sobre o (des)aparecer que só pode ser localizado, na floresta do sentido, na fuga fugidia, eis a importância escritural do desejo de Derrida.

Até mesmo localizar o ponto de fuga – sem falar de seu aprisionamento, que seria sua morte – é, na realidade, impossível. Porque o ponto de fuga é o que, no lugar, está fora do lugar. Ele é o fora do lugar no lugar. Então como ele existe apenas em seu ato de fora do lugar no lugar, tão pouco conseguiremos localizá-lo exatamente. Para mostrar a fuga é preciso se embrenhar bem no fundo na floresta que localiza essa fuga. Durante esse percurso, percebe-se que no máximo se poderá, não mostrar a fuga, mas mostrar de bem longe a localização dessa fuga, um bosque, uma clareira. E isso já é bem arriscado.

Finalmente, o que pode ser possível é restringir o espaço de fuga, percorrer um pouco mais lealmente a floresta, ou um pouco menos obscuramente. Se você não quiser tocar na fuga, a localização consiste simplesmente em fazer, de certa forma, com que a imposição discursiva, os limites linguísticos não sejam de maneira tal que o espaço de fuga recubra tudo. Porque, nesse caso, não se localiza nada de inexistente. Você tem apenas o espaço do geral. É preciso, apesar de tudo, restringir o espaço do percurso para estar o mais perto do lugar em que se foge. Ou seja, é preciso estar no lugar mais perto possível daquilo que se excetua do lugar, daquilo que se mantém fora do lugar. A desconstrução, na verdade, consiste em restringir as operações discursivas de tal maneira que o espaço da fuga seja localizável como em uma cartografia dizendo: o tesouro está aqui... ou a fonte está ali... O que se vai está lá... mas... devagar, bem devagar... senão o tesouro vai ser roubado... a fonte não jorra mais... tenho um plano, mas vago, bastante vago para não andar por cima do tesouro... uma pisada em cima do tesouro e ele não vale mais nada... até mesmo o acaso é arriscado... devagar...

Vamos pegar, por exemplo, as grandes oposições metafísicas. Vai ser preciso diagonizá-las. Porque restringir o espaço discursivo é não deixar a massividade, a massividade linear, subsistir. Não existe localização possível do fora do lugar no lugar com grandes oposições binárias. Logo, será preciso desconstruí-las. Será preciso atravessá-las. É isso, a desconstrução. A desconstrução, no fundo, é o conjunto de operações que pode obter certa restrição do espaço de fuga, ou do espaço em que o ponto de fuga se encontra. Mais uma vez, é uma operação que se parece com uma caçada invertida. Uma caçada em que o que deve ser aprisionado é o animal sadio que desaparece, aprisionar o sobressalto fora do lugar do animal. É por isso que é preciso, então, se aproximar ao máximo dele. Até mesmo, talvez, muito mais do que para dar um tiro. É preciso, então, ter um lugar onde se possa esperar pacientemente. Isso supõe uma cartografia elementar das grandes distinções, entre a cidade e o campo, a montanha e o vale, o ser e o ente, e é preciso que esse enquadramento seja passo a passo reduzido.

Daí toda a série de discussões. Por exemplo, a discussão com Heidegger sobre o alcance efetivo da diferença entre o ser e o ente. Quando Derrida propõe o conceito de "diferância", ele quer divulgar um termo único que ativaria a distinção ser/ente em seu ponto de fuga. Derrida *coloca em fuga* o que subsiste como oposição metafísica na diferença ser/ente, de modo que se perceba a diferença como tal, *em seu ato*. E a diferância em seu ato é evidentemente aquilo que está no ponto de fuga de toda oposição entre o ser e o ente, é aquilo que não é de maneira nenhuma redutível à figura dessa oposição. E, logo, da mesma maneira, será preciso examinar a oposição democracia/totalitarismo. Ou então o alcance real da oposição judeu/árabe no conflito palestino. O método sempre é o mesmo. Nesse caso, também, na oposição judeu/árabe, no conflito palestino, Derrida adotou como posição desconstruir a dualidade.

O método sempre é o de encontrar o que identifica um lugar como território de um ponto de fuga, sob o olhar da oposição que certifica prematuramente o lugar como divisão, como classificação.

Derrida desclassifica os problemas classificados.

Derrida foi em todas as questões em que intervinha o que eu chamo de um homem de paz. Ele era corajoso porque sempre é preciso muita coragem para não entrar na divisão tal como ela é constituída. E homem de paz porque a percepção daquilo que se excetua dessa oposição é, de maneira geral, o caminho da paz. Porque toda paz verdadeira é feita com um acordo, não sobre o que existe, mas sobre o que inexiste.

Essa obstinação diagonal, essa recusa dos compartilhamentos abruptos oriundos da metafísica não convêm, evidentemente, às épocas de tempestade, quando tudo se encontra sob uma lei de decisão, aqui e agora. Foi o que manteve Derrida distanciado da verdade dos anos vermelhos, entre 1968 e 1976. Porque a verdade desses anos se dizia: "Um se divide em dois". O que se desejava poeticamente era a metafísica do conflito radical, não a paciente desconstrução das oposições. Nesse momento, Derrida não pôde seguir. Ele teve de se ausentar. Ele, por assim dizer, se exilou.

É porque havia nele, homogênea à sua paciência literal, e, ainda que ele não ignorasse a violência de toda a paciência verdadeira, uma imensa doçura especulativa. Havia um toque derridiano. Seu grande livro sobre e com Jean-Luc Nancy[1] se chama *Le toucher* [O toque]. Belíssimo livro do ano 2000. É seu "tratado da alma", seu tratado das sensações, seu

---

1. Filósofo francês, nasceu em 1940. (N. T.)

livro mais delicadamente aristotélico. Derrida deseja dar uma nova descrição da relação entre o sensível e o pensamento. Mais uma vez, é preciso encontrar o que está em ponto de fuga da oposição entre o sensível e o pensamento. No toque, existe algo como isso. Algo tão delicadamente sensível que se torna indiscernível do pensamento.

Também é por isso que Derrida gostava cada vez mais da forma do diálogo. Diálogo com Hélène Cixous[2], com Elisabeth Roudinesco, Habermas[3] ou outros. Diálogo, em particular, com o que se poderia chamar de posição feminina. No diálogo com uma posição heterônoma, você toca talvez naquilo que foge da Lei, o que pula graciosamente fora do *nomos*. Você vai ser acariciado por ele *de passagem*. Essa passagem do toque correspondia muito profundamente ao desejo filosófico de Derrida.

Quando se deseja algo, é para fazer o quê? Esse desejo, esse desejo do inexistente, deve ser necessariamente como qualquer desejo, no final deitado em algum lugar, inexistente. Deitado sobre uma folha branca, por exemplo. Apesar de se saber que ele já se levantou. Ele já está em outro lugar. Ele já foi embora. Tal era o desejo de Derrida: localizar, tocar, abraçar, nem mesmo que seja por um instante, o inexistente de um lugar, a fuga do ponto de fuga. Inscrever sua excrição[4].

Isso derrogaria os costumes filosóficos pelos quais o fundamento da inexistência é o nada. Pois não se pode, absolutamente, dizer que o inexistente seja o nada. Eis toda a dificuldade. É aí que mora o erro metafísico, o único erro metafísico irremediável. O erro metafísico por excelência é ter identificado o inexistente com o nada. Porque o inexistente é justamente. Ele é absolutamente. É por essa razão que os proletários, que inexistem, podem se apoiar em seu ser para dizer: "Nós não somos nada. Sejamos

---

2. Ensaísta, dramaturga, poetisa e crítica literária francesa, nasceu em 1937. (N. T.)

3. Jürgen Habermas, teórico alemão em filosofia e ciências sociais, nasceu em 1929. (N. T.)

4. No original, "exscription". (N. E.)

tudo". É a própria definição da Revolução: um inexistente apoia seu ser-múltiplo para declarar que ele vai existir absolutamente. Logicamente, para isso, é preciso mudar o mundo, o transcendental do mundo. O inexistente é *nada*. Mas ser nada não é, de maneira nenhuma, nada ser. Ser nada é inexistir de maneira própria a um mundo ou a um determinado lugar. Assim, os deslocamentos alternados, característicos da prosa de Derrida, são esclarecidos. É o deslocamento entre o: "se você diz que o inexistente *é*, perde naturalmente o fato de ele não existir", e o: "ao se contentar em dizer que ele não existe, você perde o fato de ele *ser*". E, logo, nenhuma oposição constituída consegue realmente qualificar em termos de oposição binária o estatuto exato do inexistente. Porque se acaba sempre indo do ser para a inexistência, depois da inexistência para o ser. Tanto isso é verdade que, com Derrida, se tem uma lógica na qual não se autoriza mais a distinção fundamental entre a afirmação e a negação.

Eu acho que esse é o fundo da questão. A desconstrução é levada ao seu propósito quando o espaço lógico no qual se opera não é, de maneira nenhuma, mais o da oposição entre a afirmação e a negação. Eu diria que o toque é isso. O toque é um operador lógico. Quando se toca algo, transforma-se nesse algo, e não se é esse algo. Esse é realmente o drama da carícia amorosa. Relacionar-se com um texto ou com uma situação política, como a carícia amorosa se relaciona, logicamente, com um corpo, esse é o ideal da desconstrução. Ideal do toque. No toque, o que toca só é separado daquilo que é tocado por uma inexistência, um ponto de fuga indesignável. Porque o que diferencia os dois "actantes" do toque, o ativo e o passivo, é apenas o ato de tocar, o qual, justamente, é também o que os conjunta. Então, acontece esse deslocamento que eu chamo de deslocamento essencial, que é o deslocamento entre ser e existir. É isso, o deslocamento mais importante, o deslocamento que tem como sinal, como chamariz, o inexistente.

Derrida instalou esse deslocamento na linguagem. Essa será minha última observação. Ele tentou dizer que toda palavra verdadeira é um deslocamento. Uma palavra não é uma referência, não é um significante, é um deslocamento, um deslocamento entre ser e existência. Uma palavra soa exata quando ela desloca segundo o inexistente. "Desloquem-se mortais, não insistam!" é o que eu acho que Derrida dizia ao escrever suas próprias palavras. É por isso que ele foi muito criticado. Eu mesmo ficava irritado, às vezes, com suas extraordinárias acrobacias verbais, suas derivações, o deslocamento infinito de sua prosa. Mas podemos, devemos dar valor a tudo isso porque o mostrar do deslocamento carrega o desejo do inexistente. O ponto de fuga deve ser mostrado ao se fazer a língua fugir. Deve-se ter uma língua de fuga. Você não pode organizar, na linguagem, uma demonstração do inexistente a não ser servindo-se de uma língua que suporte inexistir. Uma língua de fuga. E, nesse caso, como dizia Genet, "minha vitória é verbal".

Minha homenagem última será também verbal.

Em homenagem a Derrida, eu direi e escreverei, a partir de agora, inexistância, com um "a". A inexistância. Como ele disse a diferância. E, no fundo, bem perto do que ele quis dizer quando inventou, há muito tempo, a palavra diferância. A palavra diferância é, no fundo, a operação pela qual Jacques Derrida tentou deitar a inexistência. Deitar como se deita por escrito. Ele tentou deitar o inexistente na diferância como ato de escrita, como deslocamento. Em sua escola, eu também tentarei deitar a inexistência, infligindo-lhe o deslocamento do "e" em direção ao "a", através do que ela indicará, em sua maneira mundana de inexistir, que seu ser é inteiramente irredutível. Não somos nada, sejamos. É o imperativo da inexistância. Ponto final. Agradeço Jacques Derrida por ter sido um guardião vigilante desse imperativo.

# Jean Borreil
# (1938-92)

Existe, na escrita de Jean Borreil, como existia na força de sua voz, algo de surdo e de rouco, de obstinação, ao que a palavra "estilo" não convém.

Borreil, diga-se de passagem, desconfia do estilo. Antes de tudo, seu pensamento não gosta é da instalação, da arrogância, da conveniência. Pois a conveniência tem prazerosamente um estilo. Ele escreve:

> Nós toleramos a ordem moral, até o racismo, desde que ela saiba se cobrir com os ouropeis de um estilo que a inscreva em uma aparência de decência.

O estilo é frequentemente, para Borreil, a roupagem da abjeção. Mas talvez, por isso mesmo, seu estilo de pensamento vise a se livrar da arrogância. Ele inventou uma doçura singular do modo como o pensamento instala sua viagem ou sua sorridente mas definitiva pressão.

E, em primeiro lugar, sem dúvida, pelo lugar extraordinário que ele dedica à interrogação. Eu digo interrogação, não questão. Não existe nenhuma hermenêutica questionadora em Borreil, mas inúmeros e materiais pontos de interrogação. Essas pontuações nos incitam a fazer um balanço com o autor, mas talvez para fazer simplesmente o balanço da viagem e do nômade no mundo tal como ele nos propõe, e que é o do exílio local como motivo da igualdade das singularidades.

Quando as interrogações se atropelam em sua escrita, não é porque o pensamento pausa o grande questionamento do sentido e do destino. Pelo contrário, isso nos incita a fazer imediatamente um movimento em direção a uma interior e imprevisível pausa. A interrogação sempre é lealmente seguida de uma resposta. Ela se encontra ali para sinalizar que a resposta é essa direção para onde devemos nos mover, que ela não é um já-aí que se desvela ou se revela. A resposta é o possível de um movimento compartilhado. Se Borreil pergunta: "O que é o intolerável?", ele responde imediatamente: "O que provoca uma recusa e uma insurreição". Se ele pergunta, em relação a Hiperião: "Por que o conhecimento fracassa?", ele responde: "Porque a reflexão não resolve as dissonâncias". Até mesmo a anedota fundadora, o bem-conhecido, começa pela interrogação. Para nos lembrar da invenção escandalosa de Diógenes, o Cínico, ele não usa o relato nem sua interpretação. Ele interroga: "Qual é esse ato filosófico por excelência?" E ele responde: "Diógenes se masturba na ágora". E ele ainda interroga: "Qual é a lição assim administrada?". E ele responde de novo, como se fosse o aluno de si mesmo, a quem um mestre íntimo e firme mandou refletir, contar com suas próprias forças.

> A lição é, para os gregos da época, esse paradoxo singular: a ágora é meu quarto, o espaço público é um espaço privado.

Seguindo a interrogação, o pensamento não tem âncora, ele se encontra no mar incerto, ele é para si mesmo esse quase-outro que cada um, aos olhos de Borreil, é para todos. Seguindo a resposta, ele entra no porto, que nunca é seu destino – este não existe – mas sua etapa. A imagem nômade está primeiramente inscrita nesse estilo singular, que só afirma sob a regra de uma interrogação, e faz passar entre a interrogação e a resposta todo o espaço entre a manhã da partida e a noite da parada.

Assim, seu estilo de pensamento seria marítimo e portuário. Acontece que o inimigo desse pensamento é constantemente identificado por Borreil, é o proprietário legítimo. Proprietário da Cidade, dos bens, proprietário da política e, finalmente, suposto proprietário do próprio pensamento. O inimigo do pensamento está instalado em suas terras, ele está apropriado ao próprio, ele é o próprio-etário. O pensamento marítimo e portuário desapropria o próprio-etário. E Borreil ainda interroga:

> Os portos não seriam o espaço dos mercadores e dos "capitalistas" que sempre vão preferir sua salvação pessoal à da Cidade? Não seria o espaço da prostituição e da noite exatamente o oposto do sol que inunda com sua luz os debates agonísticos da ágora? Em uma palavra, os portos não seriam a imagem ou até mesmo o substituto terrestre da Cosmópolis?

Acontece que o pensamento, para Borreil, segue uma linha errante e difícil, pelo fato de que ele não dispõe, como apoio, de nenhum ponto fixo. Ele representa o ponto sem sol ideal. Ele é, antes de tudo, um pensamento sem vertical, um pensamento que se move no plano puramente horizontal da igualdade.

Desse plano de imanência, a cidade moderna é o emblema. Borreil diz: "uma cidade, uma superfície pura". Ou ainda, oposta, explicitamente, ao que ele chama de "a Terra heideggeriana e poética": "a horizontalidade de uma cidade pisoteada em todos os sentidos sem que isso faça sentido". A Dublin de Joyce, esse "lugar nenhum" atestado pelo escritor moderno que ele amava e estudava mais que todos.

Poderíamos colocar dessa maneira: o que é um estilo de pensamento que pisoteia a horizontal? E é a essa interrogação, ainda, que a escrita de Borreil responde com lealdade e penetração, com doçura, com rigor.

Eu diria que o pensamento deve evitar duas coisas: o círculo e o distanciamento. Só esse evitamento duplo o confia à horizontalidade do local dos quase-outros, à igualdade dos semelhantes.

Evitar o círculo toma, em Borreil, várias formas. Diremos, em primeiro lugar, que o pensamento deve proceder localmente, não supõe nenhum movimento geral que o reconduziria a um suposto motivo originário. Na verdade, o que existe são catástrofes locais, coisas que acontecem e que testemunhamos obstinadamente. O pensamento se ajusta a isso como pode. Ele pergunta: "Como ajustar uma palavra diante de uma série de catástrofes?". Esse ajuste fixa um estilo que procede a cada vez de um ponto a outro, sem que nunca se trate de uma inferência global. Nada é mais surpreendente, em relação a isso, que o uso propriamente estilístico que ele faz das referências e dos nomes próprios. Aqui existe uma improbabilidade máxima, uma surpresa, uma espécie de roubo de nomes. Diga-se de passagem, ele diz: é preciso ter "uma relação com a história da filosofia, uma relação que não seja de erudição, mas de alteração e de captura, ou mesmo de roubo".

Com a história da filosofia, mas não apenas isso. Tomemos *L'impossible retour à Ithaque* [O impossível retorno a Ítaca]. Começa-se com Homero e a Odisseia, com sua crítica no *Traité du Sublime* [Tratado do Sublime]. Porque, diga-se de passagem, Borreil conhece muitas coisas, Borreil conhece tudo. Em seguida, os motivos do oriental e do sóbrio nos fazem bruscamente desviar, o cabo é dirigido para Hölderlin[1], para Kleist[2].

No pano de fundo, se percebe Goethe e Schiller. A questão da viagem, que é a do movimento do pensamento, se aguça: "a viagem é uma catástrofe". A ruína do próprio se anuncia: "A mesma coisa em relação à questão do retorno para casa, ela não existe mais". Pergunta-se, então, o que torna possível o retorno de Ulisses, e é o episódio crucial das Sereias que nos conduz a um porto que nada deixava prever: Michel Foucault. Trata-se da travessia do sofrimento e da morte. E é com desespero que lemos a frase central, mais uma interrogação e sua resposta: "O que resta a ser feito quando se atravessa a morte? Voltar para casa". Essa conexão da

---

1. Friedrich Hölderlin, poeta e filósofo alemão (1770-1843). (N. T.)

2. Heinrich von Kleist, poeta, dramaturgo e ensaísta alemão (1777-1811). (N. T.)

travessia da morte e do retorno convoca Hegel, que reconduz por cesura e localização, via Tübingen[3], a Hiperião, a Hölderlin, às elegias do sol poente. E, enfim, o Mediterrâneo desaparece em benefício da horizontalidade urbana de Joyce.

Não tem nada aí, nem anarquia, nem encerramento. Uma navegação ponto a ponto, no limite, que tem o que ela ganha, e nada mais. A máxima do estilo de pensamento de Borreil é a de Rimbaud: "Manter o passo que se deu". Apenas isso garante que não se cederá às sereias do círculo, da Totalidade.

Ele diz isso, em relação a Joyce, mas é uma baliza para sua própria navegação:

> Nem a linguagem reflexiva, nem a marcha da odisseia da consciência, mas o monólogo de Molly Bloom.

Contra o círculo, existe o monólogo. Para compreender como o que vai de si mesmo em direção da alteração afirmativa de si. O monólogo da perda do próprio, da ausência de fim, da legitimação do quase-outro.

A máxima disso é que não existe retorno, só existe a perda, e que é a perda que é a liberdade moderna, aquela que é, se pudermos dizer assim, desafivelada. O que se dirá dessa maneira: "Nunca voltaremos a Ítaca. Não nos perdemos para nos encontrar, mas justamente para nos perdermos". Rimbaud também, que dizia: "A gente não parte". Borreil diria antes: sim, lógico, vamos partir! O que acontece é que não vamos voltar, não vamos voltar disso. Mas a outra armadilha a ser circunscrita é a do desaprumo. O estilo de pensamento no qual Borreil se mantém é o repúdio do universal. Porque o universal não passa de uma arrogância camuflada do próprio, do próprio ocidental. É aí que é definida uma dupla aposta estilística, a da singularidade da prosa, a de sua similitude e

---

3. Universidade de Tübingen, uma das mais antigas da Alemanha, fundada em 1477. (N. T.)

de sua vocação ao compartilhamento. Mas para voltar a esse ponto crucial temos uma avalanche de interrogações:

> O que fazer com semelhantes dessemelhanças? O que fazer com um sofrimento coberto de palavras? Como descobrir o intolerável de uma catástrofe contínua, de uma destruição contínua? Manter qual palavra que não seja "não cercada", como se diz na África ocidental, ou mesmo "cansativa"?

E, de maneira inabitual, a resposta toma a forma de um imperativo:

> É preciso apostar contra o universalismo que é a tradução de uma arrogância e, no entanto, manter a primazia da igualdade dos semelhantes.

Esse imperativo que conjuga duas apostas, elas mesmas arriscadas, mas cuja conjunção é ainda mais arriscada, comanda todo o estilo, a interrogação, a resposta, a navegação local, a portuária, o esfacelamento imprevisto dos nomes, a obstinação, o monólogo...

Tratar-se-ia de um pensamento, diga-se de passagem, ou de uma exposição incansável? Borreil declara: "Pensar o plural talvez seja impossível". Pois, realmente, é o pensamento do plural que é o conteúdo do imperativo igualitário, assim como do repúdio ao universalismo. Vamos dizer que seu estilo é a exposição dividida do plural, ela mesma secretamente pluralizada por um pensamento impossível. O texto, governado por essa tensão, deve conservar algo de aleatório. Ele deve ser o traço de um acaso, de um encontro do que foi observado no pisoteamento da horizontalidade.

Ele saúda – eu o cito – "a atenção ao aleatório de um olhar que não decide, a priori, o que merece ser olhado ou não".

O estilo de seu pensamento é o de fazer aparecer essa não decisão. Uma não decisão que não é indecisão, mas trajetória bifurcada, recém--chegada local de uma derivação da prosa. De maneira que no final nós não estejamos onde imaginamos ir. Nós fomos modificados e, como os aviões na neblina, desviados para uma terra estrangeira. Ou seja, talvez também para nossa casa, visto que esse desvio nos revela a impropriedade do próprio, a alteridade do natal, a cesura de qualquer círculo e a impossibilidade de qualquer desaprumo.

Eu me lembro da época em que tinha, com Jean Borreil, vivas discordâncias políticas. Além dos vocábulos do tempo, eu imagino que ele reprovava, sobretudo, minha decisão antecipada demais daquilo que merecia ser olhado. Porque seu estilo de pensamento, em sua totalidade, não é o de uma política, no sentido habitual. Nem o de uma filosofia. Ele era filósofo, mas não filósofo de uma filosofia. Ele se parecia principalmente com uma testemunha. Em seu pensamento, a diferença é tênue demais entre singularidade e similitude. Ele era ocupado demais em relação às vãs odisseias do conceito para encontrar o ponto local, o porto cosmopolita, de onde ele poderia ouvir exatamente o discurso do outro. Ele dizia, em relação a François Châtelet[4]: "Respeito e desrespeito, tal é o modo de ouvir não romântico das razões do outro".

E é disso, enfim, que se trata: um estilo não romântico do pensamento, uma destituição de todo herói do conceito, uma paciência assegurada, um labor fraterno. Ou ainda, e eu o deixo dizer para concluir, de Claude Simon[5], mas também dele mesmo, o que ele desejava que a escrita de um pensamento fosse:

> Vir à frente do palco para desarrumá-lo e, talvez, como o vento de outubro do país sem nome despojando as vinhas de suas folhas, desnudar a noiva e exibi-la em um quadro.

---

4. François Châtelet, historiador da filosofia, filósofo político e pensador da história francesa (1925-85). (N. T.)

5. Escritor francês, prêmio Nobel de literatura em 1985 (1913-2005). (N. T.)

# Philippe Lacoue-Labarthe
# (1940-2007)

Tudo ganhava com ele uma profundidade singular. Não profundidade do pathos ou do obscuro. Uma profundidade leal, eu gostaria de dizer, que era como aquilo que experimentei de sua amizade; reservada, pouco alimentada de fatos, quase longínqua e, entretanto, absolutamente segura. Sim, havia uma segurança de Philippe Lacoue-Labarthe, estranhamente homogênea no que se sentia, nele, como sempre inconsolável, pelo fato de que o mundo ainda não tinha conseguido ser o que ele é. Inconsolável e seguro, profundo porque absolutamente leal, tal é seu pensamento, tal como eu o leio, tal como eu o entendo.

Ele tinha, sem dúvida, conservado, mas ainda mais transformado, a máxima de Heidegger segundo a qual a essência do pensamento é a questão. Ele a conservou, porque me parece que duas questões organizaram o que ele se recusava a chamar de "teses" filosóficas, mas que estão, entretanto, no movimento da incessante experimentação delas. A questão de Auschwitz, sim, remanejada, repensada, indo mais longe que Adorno[1], para, partindo dela, poder ter uma medida exata da relação entre essa monstruosidade e a genealogia especulativa do Ocidente, incluindo Heidegger. E, em seguida, inclusa e distinta, a questão do poema, e de seu modo próprio de inocência possível, tal como indica a interioridade não poética do poema, ou sua essência nômade, que também pode ser chamada de seu devir-prosa. Em suma, questões dispostas entre dois polos de nosso terreno historial. Primeiro: a cumplicidade da

---

1. Theodor W. Adorno (Theodor Ludwig Wiesengrund), filósofo, sociólogo, compositor e musicólogo alemão (1903-69). (N. T.)

política mortífera e do querer configurando a grande arte, cumplicidade que organiza o motivo mimético da obra. Segundo: a possibilidade poética do distanciamento tal como ela indica uma arte subtraída de qualquer vontade de contorno, de qualquer monumentalidade. Uma arte, no final das contas, grande arte. A mediação entre ambos era a complicação do teatro, perdição e salvação.

Nesse espaço delimitado, em que todos nós moramos, ele sustentava o trabalho das questões de dois combates tão explícitos quanto singulares. Esse era seu estilo inimitável, rude e envolvente, de uma doçura que se parecia com um abraço, com uma obrigação. Nesse caso ele ultrapassava a visão heideggeriana do questionamento.

Para descobrir inteiramente a natureza mimética e mitológica daquilo que a monstruosidade concede à genealogia especulativa, é preciso levar a seu termo a crítica da grande arte. O que quer dizer que se deve ir bem além do que Nietzsche intuiu, ou seja, a nocividade afrodisíaca de Wagner. É preciso mostrar que não somente o wagnerismo, mas também a maioria das tentativas para rivalizar com Wagner ou ultrapassá-lo estão inscritas em uma ação ficcional artística que está em consonância com a ficção do político. E, logo, são genealogicamente contemporâneas ao desastre. *Musica ficta: figures de Wagner* [*Musica ficta*: figuras de Wagner] e *La fiction du politique* [A ficção do político], dois livros essenciais de Philippe. Wagner é como o lugar onde se deve experimentar a primeira questão. A questão da ficção, que é a questão do fascismo, como pensamento ativo.

E, em seguida, no outro polo, é preciso arrancar o poema da grande, da memorável interpretação heideggeriana, que o fixa, mesmo sendo o cúmulo do sofrimento, no querer, ainda e sempre, da configuração. E dessa vez, é Hölderlin e Paul Celan[2] que são afirmativamente decisivos.

---

2. Pseudônimo de Paul Pessach Antschel (em alemão) ou Ancel (em romeno), poeta e tradutor romeno de língua alemã, naturalizado francês em 1955 (1920-70). (N. T.)

Louvemos, falando nisso, a extrema precisão de nosso amigo morto. Apesar de amplas, ele sempre classifica as questões em lugares perfeitamente circunscritos, uma tarefa, uma frase, uma conexão surpreendente entre autores diferentes, um episódio... E ele nos convence, por meios sóbrios, por gestos pensantes seguros, que tal é exatamente o local do tempo e do espaço, o fragmento da prosa do mundo em que podemos concentrar a questão. Uma das tarefas, extraordinariamente difícil, e que também era para ele um desejo filosófico essencial, era a de arrancar Hölderlin de Heidegger. Arrancar Hölderlin dessa hermenêutica poderosa, de certa maneira paradoxalmente definitiva, que era como uma primeira invenção desse poeta. Inventar uma segunda vez Hölderlin: é um dos nomes possíveis da Paixão de Philippe Lacoue-Labarthe. E, por outro lado, um episódio escrito em um texto: compreender e dizer o que é dito e codificado no poema *Todtnauberg* de Paul Celan. *Todtnauberg* faz o balanço, sabemos disso, do encontro entre Heidegger e Celan. Desse poema, Philippe diz que ele mal é um poema, que é um devir-prosa, justamente, em que transita, fora de qualquer forma, a disjunção radical entre a experiência da poesia e o apresamento do poema pelo querer da configuração. Compreender esse trânsito é compreender a exceção poética em relação ao que suporta a monstruosidade. E tudo isso constitui substância de dois outros livros capitais de Philippe: *L'imitation des modernes* [A imitação dos modernos], em primeiro lugar, com um dos textos mais espantosos dessas últimas décadas, "La césure du spéculatif" [A cesura do especulativo], e esse outro não menos radical, *Hölderlin et les grecs* [Hölderlin e os gregos], sim, de fato, a Bíblia obrigatória para quem se interroga sobre os destinos conjugados da filosofia, do teatro e do poema. E, em seguida, *La poésie comme expérience* [A poesia como experiência], livro solitário e atormentado, onde a medida de Celan é finalmente compreendida.

Gostaria de dizer novamente aqui, e de explicar, o que escrevi para Jean-Luc Nancy ao receber, na Califórnia, a notícia da morte de

Philippe. Que eu me sentia duplamente enlutado. Em luto por ele, e por tudo o que ele nos tinha dado, leal e profundamente. E em luto pelo que ele ainda não tinha podido nos dar. Porque, de modo cruel, de certa maneira, ele se impediu de fazer isso, a cada vez que sua inconsolação essencial entrava em conflito com o esclarecimento das questões. Um luto virtual, em resumo, vindo se colar ao luto imediato como uma espécie de dor supranumerária.

Acontece que Philippe trabalhava o futuro das questões o tempo todo. Não que ele fosse, absolutamente, um homem do diferir ou da promessa interminável. De nenhuma maneira. Mas ele lançava em direção ao futuro, como pedras claras em água escura, frases claras, quase peremptórias, fórmulas assertóricas e cortantes. Esses enunciados, essas fórmulas, ainda não tinham seus entornos completos, suas legitimações sutis, seus apoios experimentais. Mas eles os teriam, cedo ou tarde, no desdobramento descontínuo e rigoroso de sua experiência de pensamento e de escrita. O segundo luto é o de continuar com essas expectativas vivas, de ter sido impressionado por essas sentenças, despertado, perturbado, depois abandonado pelo efeito da morte que as aprisiona em sua projeção em direção ao que, talvez, privados dele, nós nunca compreenderemos. Podemos citar aqui alguns desses "ditos" de Philippe Lacoue-Labarthe, cuja verdade se encontra, a partir de então, limitada a uma evidência que ultrapassa seu contexto imediato.

Em *L'imitation des modernes*: "O trágico começa com a ruína do imitável". "Recomeçar os gregos, ou seja, não ser mais, de maneira nenhuma, grego." "O erro político de Heidegger é o abandono do trágico." E esse, que só podemos ler, em todos os casos, do interior de nossa dor: "Deus está morto. Traduzindo: Deus sou eu".

Em *La poésie comme expérience* : "O que um poema conta e diz é de onde ele é arrancado como poema". "A poesia é a interrupção da arte."

"Todo poema sempre é belo demais, mesmo os de Celan." E esse outro dito, que também soa de modo singular hoje: "A arte do depois do final da arte mostra a dor da apresentação. Isso até poderia ser a alegria". Em *Musica ficta* (figuras de Wagner): "Nenhuma estética ou prática artística pode se declarar inocente de uma política". "A música de Wagner é uma música figural." "[Devemos ir] para esse lugar onde nós buscamos, obstinadamente, articular juntos e ligar (ou re-ligar) a arte e a política. Como conceito dessa religião, a figura ainda deve ser destruída." E, enfim, esse dito, onde contra tudo o que Philippe acusa em Wagner, eu o identificaria, ele mesmo, a seu adversário, e nós aos sucessores desse mágico perverso: "A obra de Wagner legou a sua posteridade uma tarefa impossível: continuar o que foi acabado".

Se desses inúmeros ditos lançados em direção ao futuro do pensamento, e começando pelo dele, eu tivesse que guardar apenas um, seria, talvez, o que eu já citei várias vezes e que, no presente puro de nossa história, soa tanto como um aviso evidente e violento como difícil de ser tolerado: "O nazismo é um humanismo".

Concordar ou discordar, aqui, provém da aposta wagneriana: "continuar o que foi acabado". Justamente, eu lhe estava respondendo em relação a Wagner. De sustentar, contra ele, que essa grande arte não é sustentada por uma mitologia, que seu protofascismo não é mais garantido como a percepção de Hölderlin não é pelo querer configurador de Heidegger, que, na realidade, o destino efetivo de Wagner ainda se encontra suspenso, ainda diante de nós, depois de uma longa sequência de desvios. Que, em resumo, Lacoue-Labarthe é para Wagner, negativamente, o que Heidegger é para Hölderlin, positivamente: o suporte alterado de uma construção historial. Logo, seguindo o caminho indicado pelas pedras claras que ele tinha jogado na frente de si mesmo, ele teria respondido brigando e nós teríamos continuado a brigar também na amizade clara, distante e profunda. Mas ele morreu, e hoje basta dizer o luto do que ele nos deu, e o luto dessa briga, e de todas as outras causadas, amigável e firmemente, por ele, que não aconteceram, e durante as quais ele nos teria dado, de brinde, o segredo da própria doação.

# Gilles Châtelet
# (1945-99)

Seria possível se esquecer de seu procedimento, deixá-lo no segundo plano do texto? Seria possível não ligar sua prosa complexa, ávida, à sua maneira, ao mesmo tempo reservada e predadora de entrar de viés na arena especulativa? Eu não acho. Eu quero dizer no começo deste colóquio: a prosa de Gilles Châtelet não é a de um ensaísta qualquer. Ainda menos a de um epistemólogo. O epistemólogo é aquele que, mudando a ciência em história das ciências e a história das ciências em objeto separado da filosofia, mata, pura e simplesmente, a apreensão da filosofia pela vitalidade das ciências. Gilles Châtelet disse sob diversas formas: "Atirem no epistemólogo!". É uma maneira como qualquer outra de dizer: "Viva a filosofia!". Ele disse isso porque era conjuntamente matemático, físico, historiador e filósofo. Mas ele também disse isso, indivisivelmente, porque era dramaticamente homossexual e depressivamente doente. Ele disse com esse instinto que ele discernia em si mesmo, segundo sua própria expressão, de "bicha que vê com clareza", e de doente para quem a vida do conceito também é a corrida do pensamento contra a morte. E ele disse "atirem no epistemólogo!" tecendo esse laço tênue e reversível entre a ciência e a filosofia que ele chamava de dialética. No grandioso projeto de reabilitar, o mais perto dos agenciamentos minuciosos da ciência, o ímpeto de uma filosofia da natureza. Porque "atirem no epistemólogo", talvez quisesse dizer, antes de tudo, que o pensamento, o pensamento científico, é tomado na capacidade gestual de um corpo. E que dar razão a essa capacidade gestual requer uma monumentalidade especulativa cuja norma foi fixada de uma vez por todas por Hegel ou Schelling. É preciso ir do gesto mais ínfimo, da escrita algébrica mais delicada, à mobilidade universal daquilo que é. É por essa razão que não podemos, seria um abuso detestável, separar do texto de Gilles Châtelet a singular compacidade de seu corpo, ou o escárnio sarcástico de sua voz. Entre esse corpo e esse texto, há o estilo, essa prosa que é, ao mesmo tempo, de um pistoleiro e de uma rendeira.

Da mesma maneira, nós levantaremos a hipótese, interna ao modo de ser e de pensar, de que o que fez Gilles Châtelet se cansar da existência era uma disjunção excessiva do corpo, um cuidado de si redobrado, redobrado demais, muito pouco dialético, muito longe de poder ser escrito. Os dramas, terríveis, e os esgotamentos, desérticos, separam o corpo de sua capacidade de escrita. É preciso, então, fazer com que a separação chegue a seu limite. Ausentar-se. Essa disjunção calma, muito meditada, eu a chamo de fielmente romântica no seguinte sentido: o corpo deve se esvanecer, porque ele não entra mais em tensão viva com o pensamento. O corpo se ausenta, sim, por indisponibilidade dialética.

Então, perguntemo-nos, enquanto ponto de partida, em homenagem a uma vida e a uma morte, o que era a dialética para ele. Ele a define, precisamente, em *Les enjeux du mobile* [As problemáticas do móvel]:

> A dialética não é a neutralização sintética de dois termos preexistentes e opostos, mas a descoberta da articulação que desdobra a dimensão ao longo da qual eles surgirão como "lados".

A palavra "articulação" é um dos significantes-chave de Châtelet. Ele designa a unidade ativa de uma operação como prévia a toda determinação de uma dualidade; a dialética é, realmente, "um se divide em dois" e não "dois se extenuam em um". Mas é preciso compreender que o Um é apenas uma dimensão, desdobrada pelo jogo latente de uma articulação que permanece, ela mesma, ainda aquém da separação entre o Um e o Dois. A dialética nunca é o sucessivo dualizado dos conceitos. A dialética é polarização de um espaço que se articula. É por isso que Gilles Châtelet podia e devia voltar, incessantemente, para essa filosofia da natureza do romantismo alemão, obcecado pelo campo magnético, a atração e a repulsão, a polaridade elétrica, e as afinidades eletivas.

E nós, para compreendê-lo, temos que voltar sempre para esse complexo da dimensão, da articulação e do surgimento dinâmico da dualidade, assim como para a intuição central do momento em que a ciência trabalha, inventa, desdobra sua fecundidade natural. E é preciso fazer isso o mais perto dos exemplos, o mais perto desses achados que têm como nome: os diagramas de Nicolau de Oresme[1], o quadrilátero de Hermann Günther Grassmann[2], os cortes virtuais de Siméon Denis Poisson[3], ou o lateral de Jean-Robert Argand[4]. Essa proximidade sábia não constrói nenhuma história das ciências; ela quer apenas pensar o gesto do pensamento científico. Existe em Gilles Châtelet uma vontade incessante de nunca se manter no exterior da ciência que está existindo. Seu objetivo, sim, é o de encontrar e de escrever a intimidade do saber, os gestos que são seus, não quando ele se ensina ou se impõe, mas quando ele está sozinho, em sua casa. E essa intimidade da ciência "em si mesma" é apenas a dialética como vida do pensamento.

Daí, evidentemente, a grande polêmica de Gilles Châtelet, seu furor imprecativo contra todos os poderes da morte ou todas as exposições indecentes daquilo que é imóvel. É, sem dúvida, uma pena que o sucesso público do panfletário tenha mascarado a obra central. Às vezes, a provocação se aparenta com o mal-entendido. Devemos perceber, diga-se de passagem, que esse sucesso, com o qual todos nós nos regozijamos, não proporcionou durante muito tempo a potência íntima a nosso amigo, o

---

1. Economista, filósofo, matemático, físico, astrônomo, biólogo, psicólogo e musicólogo francês (1323-82). (N. T.)
2. Matemático e físico alemão (1809-77). (N. T.)
3. Matemático e físico francês (1781-1840). (N. T.)
4. Matemático francês (1768-1822). (N. T.)

recurso da alegria; mas também não se deve dissimular que a vivacidade polêmica já é um componente obrigatório da dialética romântica. Porque é preciso, para chegar ao íntimo do desdobramento criador das noções, lutar incessantemente, na compreensão do tempo e do espaço, contra as falsas simetrias. Se quisermos promover a articulação e a polarização, é preciso triunfar em nós mesmos sobre dois inimigos capitais que são a separação e a sucessão. Contra a separação, mobilizando seu repertório suculento de injúrias mentais, Gilles falará do "cara a cara agressivo do positivo e do negativo", ou "das intuições triviais da justaposição das partes". Contra a sucessão, ele estigmatizará "a escravatura do transitivo e do espacial" e, diretamente, "as platitudes do sucessivo".

Nós poderemos alcançar o íntimo do movimento apenas quando extirparmos, em nós e fora de nós, as facilidades da ordenação, do alinhamento, da simetria. Contra as *partes extra partes* da dimensão cartesiana, se reconhece aqui Bergson, ou Deleuze. O intrincamento temporal é superior à expansão espacial, o não comutativo é superior à simetria, a dobra é superior à justaposição. Se soubermos isso, se exercermos o poder polêmico e a delicadeza de investigação disso, saberemos, então, que toda dualidade dialética é dobrada, articulada, polarizada. Saberemos, e é uma fórmula soberba, "que um Dois se intrinca, inexoravelmente, com um envolvimento". E teremos como recompensa aquilo que Schelling chamava de "ternura" da articulação. É nesse momento, então, que Gilles Châtelet se instala em sua mais espantosa capacidade, a de fazer surgir a poesia das invenções abstratas, sem ceder nada em relação aos rigores destas. Existirá, para sempre, esses momentos em que ele nos mostra esses pontos íntimos e intensos em que o pensamento muda a indecisão em reorientação, esses momentos em que a intuição científica é um caminho que se bifurca.

Assim, temos a maravilhosa demonstração, em relação a Grassmann, das virtudes dialéticas da álgebra não comutativa. Graças à dissimetria, uma espécie de geometria do contínuo vem assombrar a descontinuidade literal; a própria letra, sem renegar sua austeridade algébrica, se torna geométrica e dançante, tão bem que o matemático se apodera, criativamente, de uma nova cinética.

> Unindo o livre balé das letras a um *continuum* em que os circuitos podem se deformar um ao outro, o geômetra ganha figuras cinéticas.

Ganhar figuras cinéticas, inventar uma geometria do movimento, é uma máxima da álgebra, lógico. É também, sentimos, uma máxima de vida; é o caso, sem dúvida, de todas as grandes orientações de pensamento de Gilles Châtelet. Elas são apropriadas à fineza erudita dos exemplos de criação científica, mas também valem para a disposição dos corpos vivos. Porque a dialética romântica é justamente o corpo tal como o gesto o faz brilhar ao ponto de orientação de uma ideia.

Eu gostaria de, aqui, retomar o que acho serem as cinco máximas capitais do pensamento de nosso amigo, mostrando sua conexão com a amplitude possível da vida do corpo. Indicando, em suma, porque Gilles Châtelet não era um epistemólogo: para ele, qualquer proposição sobre a ciência é conversível em uma máxima de vida.

1. Em primeiro lugar, um motivo que é para ele bem mais que uma convicção especulativa, bem mais que um panorama da filosofia das ciências. Que é, acho que posso dizer, uma certeza existencial, até mesmo política, porque ela é a própria dialética romântica: o pensamento está enraizado no corpo. O corpo concebido como espacialidade dinâmica. Lá onde Husserl busca a origem vital e antepredicativa da geometria, Gilles Châtelet dirá sobretudo: "Existe uma origem geométrica do pensamento". Todo pensamento é o entrelaçado de um espaço e de um gesto, até mesmo o desdobrar gestual de um espaço. A máxima de vida que corresponde a esse motivo pode ser escrita: "Desdobre o espaço que faz jus a seu corpo". O amor de Gilles Châtelet pelas noites festivas obedece a essa máxima. Ele é mais asceta do que parece porque a construção do espaço

noturno do prazer é, pelo menos, tanto um dever quanto um consentimento.

2. Essa origem geométrica do pensamento só pode ser descoberta se discernirmos em toda atualização e, ainda bem mais, em toda literalização, a virtualidade de articulação, que é o princípio de desdobramento disso. A geometria não é a ciência da dimensão extrínseca, no sentido cartesiano; ela é um recurso de extração e de espessamento, um gestual da deformação, uma virtualidade propriamente física. Tanto que é preciso pensar uma espécie de interioridade do espaço, uma virtude intrínseca de variação, que o gesto pensante suscita e acompanha ao mesmo tempo.

Na ordem vital, trata-se, dessa vez, de perceber que a solidão, a interioridade são, talvez, infelizmente, a essência íntima da alteridade e do mundo exterior. Gilles Châtelet conhecia inúmeras pessoas, mas nessa aparente disseminação havia uma dose considerável, e talvez com um final mortal, de solidão e de distanciamento.

3. O contínuo latente sempre é mais importante que o corte descontínuo: aos "cortes" de Koyré, às "revoluções" de Kuhn[5], às "falsificabilidades" de Popper[6] e de Lakatos[7], apóstolos do descontínuo, dos quais Châtelet percebe a unidade além das polêmicas aparentes, é preciso opor um outro tipo de localização do pensamento.

Porque dois ritmos diferentes entoam "a história das ideias": o totalmente descontínuo dos "cortes", dos "paradigmas" e de suas refutações, e o das latências problemáticas sempre disponíveis para reativação e cheias de tesouros para quem souber despertá-las.

---

5. Thomas Samuel Kuhn, físico e filósofo da ciência, norte-americano (1922-96). (N. T.)

6. Karl Popper, filósofo da ciência austríaco naturalizado britânico (1902-94). (N. T.)

7. Imre Lakatos, filósofo da matemática e da ciência, húngaro (1922-74). (N. T.)

A história do pensamento nunca se encontra, para Châtelet, já feita, já periodizada. O pensamento dorme no contínuo temporal. Existem apenas singularidades reativáveis, virtualidades criadoras alojadas nas dobras do tempo.

A máxima de vida é desta vez: "Reative sua infância adormecida, seja o príncipe de sua própria beleza insuspeitada. Ative sua virtualidade". Na ordem da existência, pode-se chamar de materialismo o esgotamento do virtual, de maneira que é bem o idealismo romântico dos poderes da infância que Gilles Châtelet tinha a intenção de restituir a esse materialismo.

4. O ser se revela ao pensamento – científico ou filosófico, é tudo uno – nos "centros de indiferença", que detêm a ambiguidade de qualquer separação possível. Essa ambiguidade dialética é assinalada por uma derrota da evidência espacial, que sempre acredita poder se orientar e fixar seu caminho; é no ponto desses centros de indiferença, desses lugares reversíveis, dessas balanças, que o entendimento separador e a intuição se fusionam em uma intensidade paradoxal do pensamento. Nada mais revelador, nada que desvende melhor o que está em sua incerteza elegante do que "os pontos de ambiguidade máxima em que um novo pacto entre entendimento e intuição é selado".

Diremos desta vez: "Seja o dândi das ambiguidades. Ame apenas, correndo o risco de se perder, o que destruir sua ordem".

5. A organização superior do pensamento sempre é feita pela combinação ativa de um eixo de penetração e de lateralidades, que são ao mesmo tempo dispostas pelo eixo e ortogonais, logo, resistentes a sua pura linearidade. Apenas esse dispositivo (a força "reta" do eixo e a resistência disposta do lateral) compreende o múltiplo ou a diversidade. O que é o múltiplo? No final das contas, para aquele que pensa, o múltiplo é a produção de uma deformação do linear pela lateralidade.

Em relação à "captura da extensão" por Grassmann, Châtelet diz:

> A teoria da extensão se propunha a dominar o nascimento do continuamento diverso. Essa diversidade não deve ser constatada como a de blocos dispersos no espaço, mas fazer sistema: uma deformação coerente deve produzi-la. Essa ambiguidade exige, então, a propulsão poética mais resoluta, a mais ortogonal às transitividades, e exalta no mais alto grau o gesto que corta e expõe a forma.

Podemos ver: um pensamento é o que domina, no tratamento gestual resoluto das mais resistentes lateralidades, o engendramento do "continuamento diverso". A compreensão do ser não convoca o espalhamento, ou a presença reunida da unicidade do sentido, ela convoca, talvez seja a palavra mais importante, a irredutibilidade dialética das dimensões. Nesse sentido, o pensamento nunca é dedicado de modo unilateral à organização significante, apesar de Châtelet, escrupuloso como era, sempre lembrar a necessidade da letra e da álgebra pura. Mas a última importância do pensamento não se encontra aí. Ela se encontra na capacidade de compreender a dimensão; para isso, é preciso inventar anotações que excedam o poder da letra.

O idealismo romântico não nos ensina, sobre esse ponto, como encontrar o sentido de nossa existência, mas a exatidão de suas dimensões. Viver é inventar dimensões desconhecidas do existir e, logo, como dizia Rimbaud, "fixar vertigens". É, no final das contas, o que se pode guardar da vida como da morte de Gilles Châtelet; precisamos da vertigem e precisamos também de sua forma, ou seja, de sua fixação.

Acontece que a vertigem é, realmente, o que a dialética romântica tenta encontrar no centro da própria racionalidade, desde que a realidade seja invenção, e, logo, fragmento de um poder natural. Sim, Gilles Châtelet não para de buscar "esse lugares em que o entendimento vacila. A mais alta incerteza, que, logo, exige a decisão mais irrevogável, é atingida nos centros de indiferença". É essa, sem dúvida, a mais evidente parte filosófica. Construir uma dialética da ambiguidade, da vertigem, do vacilo. Não para hesitar, mas, muito pelo contrário, para que haja uma dissimetria real e, logo, uma decisão irreversível.

E, na verdade, nessa correlação do ambíguo e da decisão, da indiferença e do irreversível, se reconhece a filiação, a genealogia especulativa de Gilles Châtelet. Podemos montar, como quando desenhamos, abertas para a obscuridade das épocas muito antigas, a árvore genealógica:

1. Deleuze, que busca na ciência a riqueza polissêmica e criadora da função, a filtragem do virtual caótico em um plano de referência.

2. Schelling, que busca pensar a intuição da intuição, a zona de comunicação e de ambiguidade entre a arte e a ciência. Schelling, que se opõe ao que o conceito hegeliano ainda tem de muito formal, muito discursivo, muito envolvente e seguro de si.

3. Há Leibniz, pensador da força como potencialidade, teórico do "labirinto do contínuo", homem de bifurcações insensíveis e das lateralidades concorrentes. Leibniz, que se opõe ao *partes extra partes* de Descartes.

4. Aristóteles, que descobriu a necessidade de pensar o poder como poder, que acreditou totalmente no virtual, no que ainda não é exatamente o que é. O Aristóteles do dinamismo natural, da singularidade irredutível, do movimento como o desdobrar e primeira qualidade do ser físico. Aristóteles que se opõe à atualidade fixa da idealidade platônica.

Mas tudo isso é retomado, e como construído e destruído, pelo estilo da dialética romântica, estilo alegre, peremptório, mas também detalhado, labiríntico, espécie de abstração fulminante. Animado por um querer essencial: arruinar a disposição da estética transcendental de Kant, que supõe uma disjunção brutal do espaço e do tempo. E mesmo fora de sua necessária correlação relativista, o que Châtelet pede, baseado tanto na geometria algébrica moderna quanto na teoria dos sistemas dinâmicos, é que se perceba no espaço as dobras, as indiferenças e os nós que o "gestualizam" e, logo, o temporalizam.

Mas, ainda uma vez, encontrar ou salvar no espaço mercantil contemporâneo o recurso de uma temporalização, saber se algum gesto do corpo-pensado ainda é possível, são questões urgentes e capitais no pano de fundo da não epistemologia de Gilles Châtelet.

Sejamos da escola daquele para quem circulava, dos diagramas da álgebra não comutativa às arborescências da mecânica ondulatória, assim como de Aristóteles a Deleuze, uma única questão que é uma questão imperativa, uma questão inquietante, uma questão que une, na verdade, a indiferença e o irreversível. A questão do vigia que ouve o ruído de um gesto no espaço: "Alto! Quem vem lá?". Ele perguntou, se perguntou, a questão: "Alto! Quem vem lá?". Ele nos deixa, para dizer a verdade, várias respostas e, sobretudo, várias maneiras de responder. Nós nos esforçaremos, para continuar a ser fiéis a ele, para escolher.

# Françoise Proust
## (1947-98)

Ela tinha, afinal das contas, algo de severo em sua sedução, de potente em sua leveza, de muito áspero em sua delicadeza.

Eu escrevi algumas notas sobre ela. Há muito tempo, há pouco tempo. Eu as reescrevo em sua severidade, sua clareza, em sua aspereza.

1. A referência "clássica" essencial de Françoise Proust é, sem dúvida nenhuma, Kant. Há, com relação a ele, um trabalho de apresentação, de edição, de interpretação considerável. Françoise Proust é excelente quando se trata seja de colocar em evidência a importância real dos textos mais controversos (como o sobre a questão da mentira), seja de deslocar as ênfases de tal maneira que um motivo essencial, mas até aqui mal percebido, autoriza uma reorganização do conjunto. É o caso quando ela discerne na *Crítica da razão pura* a exigência inaugural de uma recepção passiva que não seja um simples caráter empírico, mas que seja ela mesma, a priori, de uma espécie de patética transcendental. Esse motivo, diga-se de passagem, acaba por se tornar, além de sua classificação propriamente kantiana, o fio condutor de todo o seu empreendimento. Com certeza, na verdade, seu pensamento assume a existência de um campo transcendental. Mas o que se encontra constituído nesse campo não é nem da ordem do conhecimento, nem da ordem da vontade. Seu desejo filosófico está fundamentalmente ligado a uma teoria transcendental do afeto ou das paixões. Quase se poderia dizer que o que ela começou a fixar tem como título geral: Crítica da paixão pura.

2. A inspiração transcendental, como Heidegger fez a sua demonstração, não exclui, mas chama, algumas teses ontológicas. A mesma coisa acontece com Françoise Proust, vamos sustentar que ela esquematiza uma ontologia do duplo, do equívoco do ser entre a forma pura de seu "estado" e a ativação, como no avesso desse estado, de uma passividade que a contraria e que ela chama de contrasser. Esse entrelaçado do ser, segundo o que, simultaneamente, o mantém e se opõe de maneira imanente a essa manutenção, é, evidente e particularmente, decifrável quando se trata da ontologia do tempo. No contexto de uma teoria ramificada e fibrada do tempo, que se articula a uma sutil leitura de Walter Benjamin[1], ela concorda que o tempo possa ser, ao mesmo tempo, o nome da continuidade e o da descontinuidade, o nome do desdobramento imanente do que é segundo sua linha conservadora e o nome da marca do acontecimento que conjuga o precário e o invisível no tempo.

3. A mediação para o pensamento da antidialética do ser e do contrasser é, provavelmente, o dueto da atividade e da passividade. Todo o esforço de Françoise Proust é o de estabelecer que a positividade esteja do lado do afeto passivo, daquilo que recebe a ordem estabelecida do ser sob a forma de ataque, e por isso mesmo dispõe sua própria atividade como revide, como contra-ataque ou como resistência. Encontrar o dispositivo racional em que o afeto também seja, ao mesmo tempo, poder do "contra" e invencibilidade da resistência, a leva para o lado de Spinoza, do qual sabemos que toda investigação vai pensar conjuntamente a face ativa da substância, a *natura naturans*, e sua face passiva, a *natura naturae*, sem recorrer a uma teoria da contradição ou da negatividade. Sua leitura de Spinoza é feita, na verdade, através de Nietzsche revisto por Deleuze e por Foucault. Porque o problema fundamental, uma vez que se assume que o ser é, antes de mais nada, poder, é o de mostrar que a criação, a invenção,

---

1. Filósofo alemão (1892-1940). (N. T.)

o novo, longe de estarem univocamente do lado da força ativa como tal, se encontram do lado da ativação da força reativa. As análises detalhadas dessa ativação dão, ao mesmo tempo, o ponto de partida (a indignação, a cólera, a recepção passiva mas imediatamente corajosa do intolerável do mundo), e o protocolo, em que se desdobra um jogo dissimétrico das forças, a malícia da resistência deslocando as regras do jogo, conjugando a mobilidade mais radical e a imobilidade mais fixa, e visando mais a dispersar ou a desagregar seus elementos constituintes do que a dominar o poder estabelecido.

4. Françoise Proust procede, a partir de sua lógica transcendental do poder e do afeto, a variações probatórias, que são de três ordens. Tratando-se da histórico-política, ela pretende mostrar que a resistência é o que mostra a historicidade ativa, a partir do momento em que se compreende que, mesmo que ela sempre seja localizada e pontual, essa resistência é universal e onipresente, sendo uma estrutura imanente do ser-poder. Mas ela também mostra que existem pontos de cristalização – internos aos "grandes acontecimentos" políticos – da resistência como tal, reconhecíveis por serem dissidentes partidários no próprio interior do curso geral da sequência. Pois há resistência a qualquer compreensão da própria resistência pelos esquemas preestabelecidos da força ativa. Há resistência ao devir da resistência. Daí a significação sintomática do massacre pelos bolcheviques da revolta dos marinheiros de Kronstadt, ou dos anarquistas catalães pelos comunistas ortodoxos. Tratando-se da guerra, ela retoma as grandes análises de Clausewitz[2] da primazia da defensiva, como a herança da teoria das guerras partidárias e, ao introduzir na filosofia o extremo da atualidade, ela pensa a singularidade do movimento zapatista em Chiapas. Tratando-se, enfim, da vida e da morte, armada pela experiência e pelo que ela carrega de saber profun-

---

2. Carl Phillip Gottlieb von Clausewitz (1780-1831) foi um militar prussiano. (N. T.)

do, Françoise Proust desenvolve uma grande filosofia da doença, que ela mostra ser pensada apenas a partir de uma visão propriamente estratégica da vida, a qual não deve ser abordada como uma evidência do ser, mas como uma invenção precária e sutil do contrasser.

5. O que essa obra incita não é a ordem do juízo acadêmico, mas a avaliação e a discussão filosófica. Tudo se encontra, a meu ver, na ordem do fundamento, sobre a questão ontológica do contrasser.

A imagem recorrente do duplo serve para evitar qualquer guinada para o lado da dialética em seu sentido hegeliano. Mas não é seguro que se possa tão facilmente subtrair de qualquer dialética um pensamento tão fortemente estabelecido na acoplagem do ativo e do passivo. Essa própria acoplagem é problemática, visto que ela obriga a pensar o ser no registro da força e do poder, o que é, sem dúvida, a opção primeira de Françoise Proust, sua opção que poderíamos chamar de antepredicativa. Se quisermos evitar um dualismo fácil, é preciso classificar, a partir disso, o caráter ativo ou passivo de uma força diretamente na relação de forças, como mostra o exemplo inaugural do peixe grande que caça o pequeno. O resultado é que, como Deleuze diz explicitamente, o ser é mais relação do que poder. Mas, deste modo, a resistência não é uma característica intrínseca, ou imanente, da força. Ela é uma determinação relativa. Mas essa relatividade, por sua vez, exclui que se esteja seguro que a resistência mereça ser positivada como tal, o que todo o movimento de pensamento de Françoise Proust, e ainda mais seu tom, põe em evidência. É verdade que ela toma cuidado ao dizer que a resistência é da ordem do ser, e de maneira nenhuma do dever-ser. Que ela escolha essa parte do ser como a única coisa que faça sentido para ela é surpreendente. Outra maneira de apresentar a questão seria a seguinte: como combinar a asserção de que a resistência é rara ou precária, e seu fundamento propriamente estrutural na lógica imanente do contrasser? No fundo, toda a sua proposta é a de pensar o ser de tal maneira que se possa fundir na duplicidade constitutiva o ser propriamente dito, o ser do ser, e o acontecimento, ou ativação do contrasser, passividade paralisada pela coragem do contra-ataque. Eu não acho, no que me diz respeito, que tal fusão, estruturada em uma lógica do afeto, possa perceber a sequencialidade das verdades, sejam elas vitais, artísticas ou políticas. Eu me separo de Françoise Proust no que diz respeito à doutrina do ser, que eu acho indiviso, pura atualidade múltipla, e no que diz respeito à do acontecimento, que não é contrasser, ou substituto estrutural do ser como estado, mas suspensão aleatória de um dos axiomas do múltiplo.

No entanto, o que importa? Um pensamento que resiste inventa a lei de seu próprio caminho.

Hoje sentimos sua falta. Frequentemente, em uma ou outra situação, eu vejo que sentimos sua falta. Sentimos mais falta de seu excesso. Sentimos falta demais até mesmo da imprevisibilidade de seu furor. A impaciência estratégica que a levava a se lançar vivamente em direção a uma derrota sem importância, porque a única coisa válida era o lançar. É preciso ler e reler sua obra, esperando que a duração dos pensamentos esteja em sua falta como um memorial. Na pedra cega de sua ausência como uma flor eterna.

# Origem dos textos

**Lacan.** Esse texto foi publicado no quinzenário *Le Perroquet* [O Papagaio], fundado por Natacha Michel e eu, e que foi, sem dúvida nenhuma – podemos verificar a exatidão desse elogio lendo a coleção completa, de 1981 a 1987 –, o mais interessante dos jornais publicados nos anos 1980. Escrito logo após a morte de Lacan, o artigo apareceu no número zero do quinzenário, em novembro de 1981.

Eu escrevi com frequência sobre Lacan, ou a partir dele. Ele é uma referência essencial de meu primeiro "grande" livro de filosofia, *Théorie du sujet* [Teoria do sujeito] (1982). Eu consagrei a ele um seminário anual inteiro em 1994-95. Além das duas seções de minhas sínteses sistemáticas que tratam de seu pensamento, respectivamente em 1988 em *L'Être et l'événement* [O ser e o evento] (meditação 37, a última) e em 2006 em *Logiques des mondes* [Lógicas dos mundos] (seção 2 do livro VII), encontramos longos desenvolvimentos admirativos e críticos em *Conditions* [Condições] (1992), em particular no que diz respeito à relação de Lacan com o conceito de infinito, com a noção de saber e com a experiência real do amor. Meu texto mais recente e mais completo em relação à questão crucial da antifilosofia lacaniana foi publicado em inglês na revista *Lacanian Ink* (número 27) com o título *The formulas of L'Étourdit*.

**Canguilhem e Cavaillès.** Esse texto foi publicado no número 4 do quinzenário *Le Perroquet* (cf. nota sobre Lacan) em fevereiro de 1982. Foi sob a direção de Canguilhem que eu defendi, em 1959, minha monografia de graduação (que se chamava, naquela época, *diplôme d'études supérieurs* [diploma de estudos superiores]), que tratava da estrutura demonstrativa na Ética de Spinoza. Minhas relações com ele se distenderam em seguida, sobretudo depois de 1968. Entretanto, ele falou bem de *Théorie du sujet* (em 1982). Mas mal de *L'Être et l'événement*, no qual, ele me escreveu dizendo, "não havia encontrado uma utilidade". Durante um colóquio em sua homenagem, promovido em dezembro de 1990 pelo Collège International de Philosophie, cujas atas foram publicadas pela editora Albin Michel em 1993, eu consagrei a ele uma longa explanação, colocando a questão de saber se sua obra delimita um conceito particular do Sujeito. Ele até me escreveu dizendo que esse texto ia ao centro de suas preocupações. Foram suas últimas palavras para mim, elas me fizeram bem.

**Sartre.** Esse texto é o de uma conferência lançada pela UCFML (União dos Comunistas da França Marxista-Leninista), a organização da qual eu era um dos militantes, na faculdade de Jussieu, em Paris, algumas semanas depois da morte de Jean-Paul Sartre. O objetivo desejado dessa conferência era, na contracorrente dos discursos vagos e dos autoelogios, o de propor uma avaliação um pouco rigorosa do debate filosófico entre Sartre e o marxismo e, talvez, mais ainda entre Sartre, a História e a Política.

Eu parti da convicção de que a obra principal de Sartre sobre esse ponto (*Crítica da razão dialética*) era amplamente ignorada pelas pessoas – sobretudo pelos estudantes – presentes na conferência. Daí a vontade de ser simples, de ir ao essencial, situando, ao mesmo tempo, com exatidão as intenções de Sartre. Tratava-se, em minha opinião, de um ponto de partida obrigatório para evitar que Sartre, cuja proposta dominou a *intelligentsia* progressista durante um longo período, continuasse a ser, nas memórias, apenas uma instituição indistinta.

Entre 1981, ano desse texto, e hoje, eu homenageei regularmente aquele que foi, quando eu tinha dezoito anos, meu mestre absoluto, meu iniciador em todas as delícias da filosofia. Ainda recentemente, em *Logiques des mondes*, no livro VI, um exemplo essencial da teoria do abstrato dos "pontos" (são os momentos de formalização, através de um sujeito, de uma escolha radical) foi tirado do teatro de Sartre.

**Hyppolite.** Esse texto é uma transcrição de minha intervenção em uma conferência (*Jean Hyppolite: entre structure et existence*) [Jean Hyppolite: entre estrutura e existência] organizada pelo CIEPFC (Centro Internacional de Estudo da Filosofia Francesa Contemporânea), no dia 27 de maio de 2006, na École Normale Supérieure, sob a direção de G. Bianco e F. Worms.

**Althusser.** Esse texto foi minha contribuição para o colóquio organizado na Universidade Paris 8 por Sylvain Lazarus nos dias 29 e 30 de março de 1991, com o título geral de "Politique et philosophie dans l'œuvre de Louis Althusser" [Política e filosofia na obra de Louis Althusser]. As atas desse colóquio foram publicadas pelas edições PUF em 1993. Depois, eu falei sobre Althusser várias vezes na França, mas também no Brasil e na Áustria. Um estudo que parte de outro ponto de vista se encontra em meu *Abregé de métapolitique* [Breviário de metapolítica] (Seuil, 1998), com o título: "Althusser, le subjectif sans sujet" [Althusser, o subjetivo sem sujeito].

**Lyotard.** Esse texto foi pronunciado durante uma homenagem coletiva a Jean-François Lyotard feita pelo Collège International de Philosophie, sob a direção de Dolorès Lyotard e de Jean-Claude Milner, então presidente do Collège. As atas desse colóquio foram publicadas em 2001 pelas edições PUF, com o título geral: *Jean-François Lyotard, l'exercice du différend* [Jean-François Lyotard, o exercício do diferendo].

**Deleuze.** Esse curto texto foi tirado de um número do *Magazine littéraire* amplamente consagrado ao décimo aniversário da morte do filósofo.

Deleuze é, sem dúvida, o autor contemporâneo sobre o qual eu mais escrevi, se bem que de modo tardio: meu livro *Deleuze, la clameur de l'être* [Deleuze, o clamor do ser], uma encomenda desse magnífico editor que é Benoît Chantre, foi lançado pela Hachette em 1997. Em *Logiques des mondes* ainda, um capítulo inteiro é consagrado a ele (livro V, seção 2), em relação ao conceito de acontecimento. Eu o considero, em relação a quase todas as questões, como encarnando com genialidade a direção oposta à minha. No período de bombardeamento militante, nos anos vermelhos, entre 1966 e 1980, isso tomou a forma de uma oposição violenta. Leia o texto *Le flux et le parti* [O fluxo e o partido], que eu publiquei em março de 1976, no número 6 da revista *Théorie et politique* [Teoria e política]: ele transcreve uma espécie de furor. Bem mais tarde, eu aprendi a gostar de Deleuze, entretanto, do interior de uma controvérsia impossível de ser apaziguada. Platonismo e antiplatonismo, finalmente.

**Foucault.** Esse texto foi publicado pouco tempo depois da morte de Foucault, em *Le Perroquet* (cf. nota sobre Lacan), número 41, julho de 1984.

**Derrida.** Esse texto foi pronunciado no colóquio em homenagem a Jacques Derrida organizado na École Normale Supérieure nos dias 21 e 22 de outubro de 2005. Precedentemente, eu tinha apresentado uma versão em inglês na Universidade da Califórnia (Irvine). Mais um com quem a amizade demorou a ser construída. O dossiê de um de nossos severos conflitos é público, ele se encontra no apêndice das atas do colóquio *Lacan avec les philosophes* [Lacan com os filósofos], publicadas pela

Albin Michel em 1991, colóquio organizado pelo Collège International de Philosophie. Dez anos depois, mais ou menos, nós pudemos considerar uma aliança realmente pública porque, como ele me disse "agora nós temos os mesmos inimigos". A morte deixou esse futuro suspenso.

**Borreil.** Eu li esse texto no colóquio organizado pelo Collège International de Philosophie em homenagem a Jean Borreil, na École Normale Supérieure, no dia 13 de junho de 1993. As atas desse colóquio foram publicadas em 1995 pelas edições L'Harmattan.

**Lacoue-Labarthe.** Eu li esse texto durante a cerimônia coletiva, no teatro de Montreuil, organizada no dia 17 de fevereiro de 2007 em homenagem a esse amigo que tinha acabado de morrer. Em seguida, ele foi publicado, com todos os outros, no número 22 (de maio de 2007) da revista *Lignes*, dirigida por Michel Surya nas Nouvelles Éditions Lignes.

**Gilles Châtelet.** Li esse texto no colóquio organizado no Collège International de Philosophie em homenagem a Gilles Châtelet, pelo Collège e pelo laboratório "Pensée des sciences" dirigido por Charles Alunni, nos dias 27, 28 e 29 de junho de 2001. Esse colóquio tinha como título geral "Autour de Gilles Châtelet. Libération du geste et parti pris du visible" [Em torno de Gilles Châtelet. Liberação do gesto e opção pelo visível]. Eu já tinha percebido, cinco anos antes, a extrema originalidade de seu trabalho em uma resenha de seu livro mais importante, *Les enjeux do mobile*, publicada no número 586 (janeiro de 1996) da *Temps modernes*.

**Françoise Proust.** Esse texto faz parte do conjunto dedicado a Françoise Proust pela revista do Collège International de Philosophie, *Rue Descartes*, em seu número 33, lançado em 2001. Já em 1993, eu tinha publicado uma resenha do seu sutil ensaio *Le ton de l'histoire* [O tom da história] (in *Les Temps modernes*, número 565/566, setembro de 1993).

*Existe uma outra homenagem a esse grupo de filósofos desaparecidos: o belo livro de Elisabeth Roudinesco,* Philosophes dans la tourmente *(Fayard, 2006).*

**1ª edição** março de 2017 | **Fonte** Horley Old Style MT
**Papel** Off set 90 g/m² | **Impressão e acabamento** Orgrafic